Tobias Nagels

Dein Geld, Deine Zukunft

TOBIAS NAGELS

Dein Geld, Deine Zukunft

Kosten senken, clever sparen und
erfolgreich in ETFs investieren

GABAL

Externe Links wurden bis zum Zeitpunkt der Drucklegung des Buches geprüft. Auf etwaige Änderungen zu einem späteren Zeitpunkt hat der Verlag keinen Einfluss. Eine Haftung des Verlags ist daher ausgeschlossen.

Ein Hinweis zu gendergerechter Sprache: Die Entscheidung, in welcher Form alle Geschlechter angesprochen werden, obliegt den jeweiligen Verfassenden.

Bibliografische Information der Deutschen Nationalbibliothek
Die Deutsche Nationalbibliothek verzeichnet diese Publikation in der Deutschen Nationalbibliografie; detaillierte bibliografische Daten sind im Internet über http://dnb.d-nb.de abrufbar.

ISBN 978-3-96739-226-5

Lektorat: Susanne von Ahn, Hasloh
Umschlaggestaltung: Martin Zech Design, Bremen | www.martinzech.de
Autorenfoto: Khoa Pham Fotografie
Satz und Layout: Zerosoft, Timisoara
Druck und Bindung: Salzland Druck GmbH & Co. KG, Löbnitzer Weg 10, D-39418 Staßfurt, vertrieb@salzland-druck.de

Wir drucken in Deutschland.

www.gabal-verlag.de
www.gabal-magazin.de
www.facebook.com/Gabalbuecher
www.x.com/gabalbuecher
www.instagram.com/gabalbuecher

PEFC
PEFC/04-31-2251

PEFC-zertifiziert
Dieses Produkt stammt aus nachhaltig bewirtschafteten Wäldern und kontrollierten Quellen
www.pefc.de

Inhalt

Haftungsausschluss: Die Aussagen in diesem Buch spiegeln die persönlichen Ansichten und Meinungen des Autors wider, sind rein didaktischer Natur und sind weder als Anlageberatung im Sinne des deutschen Wertpapierhandelsgesetzes noch als Rechtsberatung im Sinne des deutschen Rechtsberatungsgesetzes noch als Steuerberatung im Sinne des deutschen Steuerberatungsgesetzes zu verstehen. Vermögensanlagen in den dargestellten Anlageklassen Sparguthaben, Aktien, Anleihen, Edelmetalle, Rohstoffe, Kryptowährungen, Immobilien und andere Finanzprodukte sind mit beträchtlichen Verlustgefahren verbunden. Die historischen Daten, die in diesem Buch enthalten sind, bieten keine Garantie für zukünftig ähnliche Renditen oder Erträge. Generell geben der Autor und der Verlag keine Garantie für die Richtigkeit der Daten, Berechnungen und Aussagen in diesem Buch. Eine Haftung für Schäden, die aus der Anwendung der in diesem Buch enthaltenen Informationen, Hinweise und Empfehlungen resultieren, wird nicht übernommen.

Vorwort

„Lieber eine Stunde über Geld nachdenken als eine Stunde für Geld arbeiten."

JOHN D. ROCKEFELLER, AMERIKANISCHER UNTERNEHMER (1839 – 1937)

Grundannahme dieses Buches ist es, dass jeder Mensch sich langfristig ein echtes Vermögen aufbauen kann. Wenn ich Vermögen schreibe, meine ich damit einen sechs- oder sogar siebenstelligen Betrag. Nur damit keine Missverständnisse auftreten: Es geht nicht darum, schnell reich, sondern langfristig vermögend zu werden.

Mit diesem Buch möchte ich dir dabei helfen, am Ende jedes Monats mehr Geld auf deinem Konto zu haben. Dabei ist es vollkommen egal, wie alt du bist, welchen Beruf du ausübst oder wie viel du verdienst. Es gibt genau zwei Wege, wie jeden Monat mehr Geld auf deinem Konto verbleibt: Du kannst deine Einnahmen erhöhen oder deine Ausgaben senken.

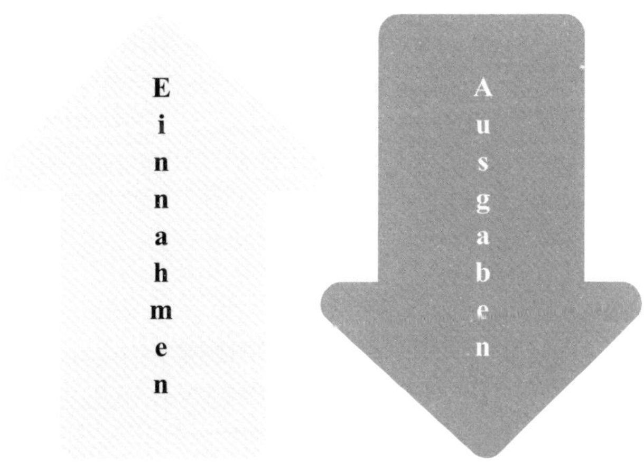

Zwei Möglichkeiten zu mehr Geld. Eigene Darstellung.

Weg 1: Einnahmen erhöhen

Der erste und häufig gewählte Weg ist, das Einkommen zu erhöhen. Du kannst einen zusätzlichen Nebenjob annehmen oder die Stunden in deinem bisherigen Beruf erhöhen und hast im Gegenzug höhere Gehaltseingänge auf deinem Konto. Du kannst dich genauso fortbilden oder weiterqualifizieren, um bei gleicher Arbeitszeit einen höheren Stundenlohn zu erhalten und somit ebenfalls ein Plus auf der Gehaltsabrechnung zu verzeichnen. Aber es gibt auch zwei Nachteile: Eine Ausbildung oder ein Studium beginnt bestenfalls heute, aber das höhere Einkommen kommt erst in ein paar Jahren bei dir an. Zudem ist die Zeit, die du arbeiten kannst, begrenzt. Mehr als 50 Stunden pro Woche wirst du wahrscheinlich nicht arbeiten wollen, um noch genügend Zeit für Freunde, Familie und Hobbys zu haben.

Viel gravierender ist aber, dass die Erhöhung deiner Arbeitszeit nicht proportional zu einer Erhöhung deiner Einnahmen führt. Denn zwischen dem Gehalt, das dein Arbeitgeber dir zahlt, und dem Betrag, den du auf dein Konto überwiesen bekommst, fallen Abzüge in Form von Steuern und Sozialabgaben an. Das progressive Steuersystem in Deutschland sorgt dafür, dass dein persönlicher Steuersatz mit deinem Einkommen steigt. Ein Durchschnittsverdiener hatte in Deutschland bei einem Jahreseinkommen in Höhe von 38.000 € (in etwa 3.160 € brutto pro Monat) 2023 beispielsweise Abgaben in Höhe von 33,9 %. Entscheidest du dich also als Durchschnittsverdiener, 100 € im Monat dazuzuverdienen, gehen davon 33,90 € an die Staatskasse und die Sozialsysteme und nur 66,10 € kommen auf deinem Konto an.

Weg 2: Ausgaben reduzieren

Der zweite Weg, den ich dir in diesem Buch nahelegen möchte, ist die Reduzierung deiner Ausgaben. Jeder Euro, den du einsparst, bleibt zu 100 % bei dir, ohne Abzüge. Und oft kannst du mit wenig Zeitaufwand viel Geld einsparen. Der Wechsel eines Internetvertrags dauert beispielsweise keine 30 Minuten, um mehr als 300 € zu sparen. Hochgerechnet ergäbe das einen Stundelohn von stolzen 600 € – und zwar ganz ohne Abgaben brutto für netto. Viele Menschen scheuen diesen Weg, weil sie glauben, dass mit der Reduzierung von Ausgaben automatisch auch die Leistung, die sie erhalten, zurückgeht. Bei manchem Internetvertrag kann die Leistung hingegen sogar gleichzeitig verdoppelt werden.

Es ist ein weitverbreitetes Missverständnis, dass weniger Ausgaben automatisch Verzicht bedeuten. In Wahrheit kannst du durch kluge Entscheidungen und ein wenig Planung oft mehr bekommen und dabei weniger ausgeben.

Im ersten Teil des Buches wirst du lernen, wie du bei alltäglichen Konsumausgaben Geld einsparen kannst, indem du verschiedene Techniken anwendest. Im zweiten Teil erfährst du, wie sich die normalen Fixkosten, die jeder Mensch hat, um mehr als 100 € reduzieren lassen. Im letzten Teil des Buches zeige ich dir finanzwissenschaftlich fundiert, wie du langfristig an deiner Vermögensbildung arbeiten kannst, damit das Wort Rentenlücke nie auf dich und deine finanzielle Situation zutreffen wird.

Bevor es losgeht, noch zwei kurze Hinweise: Mein Ziel ist es, mit dem diesem Buch aufzuzeigen, dass finanzielle Bildung nicht kompliziert ist. Aus Gründen der besseren Lesbarkeit und Verständlichkeit verwende ich daher das generische Maskulinum. Wo es sprachlich möglich und sinnvoll ist, wurden geschlechterneutrale Formulierungen gewählt. Damit die Inhalte für dich nachvollziehbar und falls gewünscht auch leicht umzusetzen sind, nutze ich die Namen realer Firmen und Internetseiten. Dafür erhalte ich weder eine Vergütung noch irgendeine andere Form der Zuwendung.

Nun kann es aber endlich losgehen. Viel Spaß beim Lesen!
Tobias Nagels
Kempen, im November 2024

Teil 1:
Sparen bei alltäglichen Ausgaben

„Die Menschen verstehen nicht, welch große Einnahmequelle in der Sparsamkeit liegt."

MARCUS TULLIUS CICERO, RÖMISCHER POLITIKER († 7. DEZEMBER 43 V. CHR.)

Das vorangestellte Zitat ist über 2.000 Jahre alt und dennoch hat es für dieses Buch eine hohe Relevanz. Im ersten Teil des Buches werden wir uns an der Sparpyramide entlanghangeln. Wir schauen uns zuerst die Ebenen an, durch die sich am meisten Geld sparen lässt.

Übersicht der Sparpotenziale. Eigene Darstellung.

Diese Themen finden sich in den folgenden Kapiteln.

1. Brauche ich das wirklich?

Bevor du gleich erfährst, wie du bei deinen Ausgaben durch die Kombination mehrerer Bausteine deinen Effektivpreis verringerst, lohnt es sich, zuvor zu überlegen, ob du eine Ausgabe wirklich tätigen musst. Hinterfrage also deinen Kaufwunsch. Hiervon ausgenommen sind selbstverständlich Güter, die wir zum Leben benötigen. Bei Grundnahrungsmitteln oder einem Grundbestand an Kleidung erübrigt sich die Frage nach der Notwendigkeit. Schließlich wollen wir weder hungern noch frieren.

Wir alle freuen uns über Rabatte beim Kaufen. Es gibt uns ein gutes Gefühl, wenn wir weniger für ein Produkt zahlen müssen als den Preis, der ursprünglich aufgerufen wurde. Sei es der Joghurt, der beim Wocheneinkauf im Angebot ist, oder der Pullover, der im Sale deutlich rabattiert ist. Aber Vorsicht! Rabatte sollten nicht dazu führen, dass du Produkte nur kaufst, weil sie vermeintlich günstig sind und damit dein Bedürfnis, ein „Schnäppchen zu machen", erfüllen.

Unternehmen geben viel Geld für Marketing-Aktivitäten aus, um uns Konsumenten zu Impulskäufen zu animieren. Sie möchten auf Käuferseite einen Bedarf kreieren, den wir Verbraucher vorher nicht gesehen haben. Das Problem für uns Käufer ist, dass sich insbesondere die vermeintlich kleinen Ausgaben hochgerechnet auf mehrere Jahre oder gar Jahrzehnte auf ein echtes Vermögen summieren können, wenn wir das Geld, statt es auszugeben, zurückgelegt hätten.

Daher solltest du dir vor jedem Kauf kritisch die Frage stellen: „Brauche ich das wirklich?" Nimm dir für die Kaufentscheidung ruhig ein bisschen Zeit. Bei kleineren Einkäufen reichen häufig 10 Minuten. Halte den Artikel in deiner Hand oder lege ihn beim Wocheneinkauf in deinen Einkaufswagen und frage dich vor dem Weg zur Kasse, ob du ihn wirklich benötigst. Falls ja, kaufe ihn dir und hab ein gutes Gefühl dabei. Falls nein, lege ihn zurück und freue dich darüber, dass du dem Impulskauf widerstanden hast.

Stehen größere Investitionen wie ein neuer Fernseher, ein Fahrrad oder eine neue Spielekonsole an, solltest du dir mehr Zeit für die Kaufentscheidung nehmen und dich nicht unter Druck setzen lassen. Nehmen wir an, es gibt ein tolles Angebot für die Playstation 5, frage dich vorher, ob du diese wirklich benötigst oder nur kaufen möchtest, weil sie jetzt 100 € günstiger ist als bisher. Vielleicht kommst du zu dem Schluss, dass es zwar nett wäre, eine Playstation 5 zu haben, du aber eigentlich gar nicht mehr so viel spielst wie früher und dafür der zu Hause stehende Vorgänger völlig ausreicht. Solltest du hingegen länger schon Kaufinteresse an der neuesten Konsole aus dem Hause Sony gehabt haben, kaufe sie dir zu dem günstigen Preis. Über größere Kaufentscheidungen solltest du mindestens 30 Tage nachgedacht haben. Ab welchem Betrag du von größeren Kaufentscheidungen sprichst, hängt stark von deinem Einkommen und deinem Konsumverhalten ab. Aus meiner Sicht beginnen größere Kaufentscheidungen bereits ab einem Betrag von 50 €.

Mache dir dazu am besten eine Liste in deinem Handy mit dem gewünschten Produkt und dem Datum, an dem du zum ersten Mal über einen Kauf nachgedacht hast. Wenn du das machst, wirst du merken, dass du dir zwar einige deiner Kaufwünsche auch nach 30 Tagen noch erfüllst, viele andere aber über den Zeitraum, der zwischen erstem Kaufwunsch und aktuellem Datum liegt, an Bedeutung verlieren.

Wenn deine Kaufentscheidung für teurere Produkte wie die genannte Konsole, aber auch Wohnzimmerstühle oder einen Couchtisch gefallen ist, solltest du dir zudem die Frage stellen, ob du das Produkt unbedingt neu benötigst. Insbesondere bei Einrichtungsgegenständen wie Tischen, Stühlen, Wohnwänden, Lampen zahlst du auf dem Gebrauchtmarkt deutlich weniger als beim Neukauf. Eine gute Anlaufstelle für den Gebrauchtkauf ist die Seite *kleinanzeigen.de* (ehemals eBay-Kleinanzeigen). Übrigens kannst du hierüber auch selbst als Verkäufer auftreten. Hast du dich für den Kauf der Playstation 5 entschieden, wirst du die Vorgängerkonsole nicht mehr benötigen. Mache sie also am besten bald auf dem Gebrauchtmarkt zu Geld, solange sie noch einen gewissen Wert hat.

2. Preisvergleich – wo gibt es den günstigsten Preis?

Wenn du dich für einen Neukauf entscheidest, solltest du dein gewünschtes Produkt nicht einfach im nächstbesten Geschäft kaufen, auch wenn es sich um ein vermeintlich hervorragendes Angebot handelt. Stattdessen solltest du einen Preisvergleich durchführen. Dabei helfen dir Seiten wie *idealo.de* oder *billiger.de*. Beide Seiten funktionieren ähnlich und bieten sogar eine kostenlose App für dein Smartphone an. Gib in der Suchleiste dein gewünschtes Produkt ein und die Preisvergleichsseite recherchiert bei allen Anbietern, die dort gelistet sind, die Verfügbarkeit und den Preis des Produktes inklusive etwaiger Versandkosten. Bei der Playstation 5 beispielsweise werden bei den Ergebnissen unter anderem die Preise von Media Markt Saturn, Amazon, Expert und vielen weiteren Elektronikgerätehändlern auftauchen.

Suchst du hingegen einen bestimmten Pullover, so werden neben Amazon als größtem Händler auch Zalando, s.Oliver, Peek & Cloppenburg und viele weitere von der Suche ausgeworfen werden. Amazon ist zwar ein Händler, der (fast) alles anbietet, jedoch wirst du bei deinen Recherchen feststellen, dass der Internetgigant nicht automatisch immer den günstigsten Preis fordert.

Tipp: Beide Preisvergleichsportale bieten auch eine App an, mit der du ganz bequem von unterwegs den Barcode eines Produktes scannen kannst. Hast du also deine Playstation 5 im Media Markt entdeckt oder deinen Pullover bei Peek & Cloppenburg, dann kannst du einfach und schnell überprüfen, ob es das Produkt irgendwo anders günstiger gibt. Insbesondere bei Schuhen sind hier riesige Ersparnisse möglich.

Bei beiden Anbietern kannst du die Preisentwicklung deines gesuchten Produktes innerhalb eines Jahres einsehen. So siehst du, ob du gerade zum historisch günstigsten Kurs kaufst oder ob der Artikel schon einmal günstiger zu bekommen war. Falls du das Produkt nicht sofort oder nicht zum aktuellen Preis kaufen möchtest, hast du zudem die Möglichkeit, dir einen Preiswecker einzurichten. Dabei gibst du deinen „Wunschpreis“ ein und erhältst automatisch eine E-Mail, wenn dieser Preis bei einem der gelisteten Shops erreicht oder unterschritten wird.

Wenn du nun beim günstigsten angezeigten Anbieter das Produkt bestellst, dann hast du in aller Regel im Vergleich zum Blindkauf beim nächstbesten Händler schon ordentlich Geld gespart – und das mit sehr geringem Aufwand.

3. Shoppen mit Rabatt- und Geschenkgutscheinen – der Game-Changer

In diesem Kapitel erfährst du, wie du durch den Einsatz verschiedener Gutscheine den günstigsten Preis aus dem Preisvergleich noch weiter drücken kannst. Der Begriff „Gutscheine“ unterteilt sich in zwei Kategorien, die Rabatt- und die Geschenkgutscheine.

Rabattgutscheine

Rabattgutscheine gibt es in zwei Ausprägungen: solche, die deinen Warenkorb um einen bestimmten Prozentbetrag reduzieren, beispielsweise um 15 oder 20 %, und solche, die deinen Warenkorb um einen fixen Euro-Betrag, beispielsweise 10 €, reduzieren. Häufig sind die Gutscheine an Mindestbestellwerte gekoppelt, sodass du erst einen bestimmten Betrag in deinem Warenkorb erreichen musst, um den Gutschein einsetzen zu können. Eine Möglichkeit, Rabattgutscheine zu erhalten, sind – man mag es im digitalen Zeitalter kaum glauben – Postwurfsendungen. So erhalte ich zum Beispiel regelmäßig Rabattgutscheine von Thalia oder s.Oliver, weil ich dort schon häufiger bestellt habe. Rossmann verteilt in regelmäßigen Abständen Rabattgutscheine in Höhe von 10 % an alle Haushalte, die eine Rossmannfiliale in ihrer Nähe haben.

Manchmal bewerben Shops ihre Gutscheine aber auch aktiv beim Betreten des Ladengeschäfts oder auf ihrer Homepage. Falls du noch keinen passenden Gutschein zu Hause hast und nicht auf den nächsten Brief warten möchtest, ist das kein Problem. Mit etwas Glück findest du auch online Gutscheine. Gib dazu einfach in die Suchmaschine deiner Wahl den Shopnamen und den Begriff „Gutscheincode“ ein. Vielleicht hast du Glück und es gibt gerade einen Gutschein, dann wirst du ihn in aller Regel unter den ersten drei Ergebnissen finden. Auch ein Blick auf die Seite *influencer-codes.de* kann sich lohnen. Dort werden Gutscheincodes, die Influencer in Social Media teilen, gesammelt und nach Shops sortiert aufgelistet.

Eine weitere Möglichkeit, an einen Rabattgutschein zu gelangen, ist die Anmeldung für den E-Mail-Newsletter des jeweiligen Shops. Um diesen zu finden, drücke auf der Shopseite die Tastenkombination „STRG + F“, um die Suchfunktion deines Browsers zu aktivieren, und tippe „Newsletter“ in das geöffnete Feld. Häufig erfährst du mit einem Klick bereits, ob es aktuell einen Gutschein für die Anmeldung zum Newsletter gibt. Wenn du nicht willst, dass dein E-Mail-Postfach vor lauter Newslettern überquillt, hast du mehrere Möglichkeiten: Am Ende eines Newsletters gibt es in den meisten Fällen die Möglichkeit, sich per Klick vom Newsletter wieder abzumelden. Das kannst du sofort erledigen, denn der Gutschein verliert seine Gültigkeit durch die Abmeldung nicht. Alternativ kannst du dir ein zweites E-Mail-Konto einrichten, das du ausschließlich für den Erhalt von Gutscheinen verwendest. Das hat den Vorteil, dass du nicht nur einmalig Gutscheine für die Anmeldung erhältst, sondern zusätzlich zu bestimmten Aktionen oder beispielsweise deinem Geburtstag. Aber Vorsicht! Lasse dich durch das Zusenden von Gutscheinen nicht zu Impulskäufen animieren, sondern frage dich stets – wie du in Kapitel 1.1 gelernt hast –, ob du wirklich etwas Neues benötigst.

Falls dir die beiden Methoden nicht zusagen, kannst du einen 10-Minuten-Mail-Account nutzen. Gib dazu einfach „10-Minuten-Mail“ als Suchbegriff in deine bevorzugte Suchmaschine ein und wähle einen der Anbieter. Wie der Name schon sagt, handelt es sich um einen temporären E-Mail-Account, der nur 10 Minuten gültig ist. Nun kannst du deine „neue Mailadresse“ in das Newsletter-Feld der Seite kopieren, um den Gutschein zu erhalten.

Wenn du dich bereits etwas auskennst und weißt, dass dein bevorzugter Shop regelmäßig Gutscheinaktionen durchführt, und du das

Produkt nicht sofort benötigst, kann es sinnvoll sein, mit dem Einkauf noch ein paar Tage oder Wochen bis zur nächsten Aktion zu warten. Du solltest jedoch wissen, dass einige Onlineshops gleichzeitig mit der Freigabe der Rabattgutscheine ihre Preise erhöhen, sodass sich deine effektive Ersparnis nicht verändert oder du sogar mehr zahlst als vor der Freigabe des Gutscheincodes.

Im Folgenden zeige ich dir noch zwei weitere Möglichkeiten, an exklusive Rabattgutscheine zu gelangen.

Sovendus-Gutscheine

Wurdest du schon einmal nach einem Kauf in einem Onlineshop auf eine Seite weitergeleitet, um dir kostenlos einen Gutschein auszusuchen? Wenn ja, dann kennst du bereits Sovendus. Dabei handelt es sich um ein Gutschein-Netzwerk mit über 1.900 beteiligten Unternehmen.[1] Kaufst du bei einem der Unternehmen aus dem Netzwerk ein, so erhältst du im Anschluss die Möglichkeit, dir bis zu zwei Gutscheine anderer Partner auszusuchen. Die Gutscheine sind in aller Regel zwei Wochen gültig. Hier profitieren diejenigen, die mit Weitsicht shoppen.

Bestellst du dir heute beispielsweise ein Buch auf *thalia.de* und weißt, dass du noch ein neues Hemd oder ein neues Kleid für die nächste Feier benötigst, kannst du die Gutscheinseite nach für dich interessanten Anbietern durchstöbern. Sovendus selbst gibt auf seiner Homepage nur eine kleine Auswahl der teilnehmenden Händler preis.[2] Mit der Zeit wirst du ein Gespür dafür bekommen, auf welche Gutscheine du bei Sovendus hoffen kannst.

Bei der Nutzung von Sovendus ist mir aufgefallen, dass es keine Gutscheine für konkurrierende Unternehmen gibt. So werden beispielsweise nach deinem Kauf auf *thalia.de* im Anschluss keine Gutscheine für *hugendubel.de* oder *buecher.de* angeboten, obwohl sie alle dem Netzwerk angeschlossen sind.

Tipp: Es gibt ein paar Tricks, wie du auch ohne Ausgaben zur Sovendus-Gutscheinauswahl gelangen kannst. Bei den eben genannten Onlinebuchhandlungen kannst du dir beispielsweise kostenlose E-Books „kaufen". Im Anschluss erhältst du Zugang zum Gutscheinportal.

Eine Möglichkeit, um auch an Gutscheine für die Buchhändler zu gelangen, ist es, dir auf der Seite *makerist.de* eine kostenlose Anleitung zum Nähen, Stricken oder Häkeln herunterzuladen. Gib einfach in die Suchmaschinen-Maske „makerist kostenlos" ein und wähle eines der Ergebnisse. Nach dem Herunterladen der kostenlosen Anleitung gelangst du zur Sovendus-Gutscheinauswahl.

Corporate Benefits

Seit 2003 gibt es das Vorteilsportal Corporate Benefits (deutsch: Mitarbeitervorteile beziehungsweise Mitarbeiterangebote).[3] Arbeitgeber können sich dem Vorteilsportal anschließen und ihren Mitarbeiterinnen und Mitarbeitern so einen zusätzlichen „Benefit" bieten. Dieser besteht darin, dass Arbeitnehmer, nachdem sie sich über den Zugangscode des Unternehmens bei Corporate Benefits registriert haben, Zugriff auf Rabattgutscheine von mehr als 1.500 Unternehmen erhalten. Falls du in einem Angestelltenverhältnis bist, kannst du über deine Personalabteilung herausfinden, ob es eine Kooperation mit Corporate Benefits gibt.

Beachte jedoch, dass ein Gutschein über Corporate Benefits oder Sovendus nicht automatisch auch der beste ist. Während ich diese Zeilen schreibe, gibt es beispielsweise für *tchibo.de* über Corporate Benefits einen 8-%-Gutschein, über Sovendus einen 10-%-Gutschein, während ich über eine kurze Internetrecherche direkt einen 12-%-Gutschein erhalten habe. Ein Quervergleich lohnt sich also immer.

Tipp: Falls du bei der Jagd nach einem Gutschein immer noch nicht erfolgreich warst, könnte sich erneut ein Blick auf die Plattform *kleinanzeigen.de* lohnen. Hier bieten Privatleute Gutscheine, die sie per E-Mail oder Postwurfsendung erhalten haben, als Geschenk, zum Verkauf oder zum Tausch gegen andere Gutscheine an. Je nach Kaufpreis kann es sich für dich lohnen, einen Gutschein für 1 bis 2 € zu erwerben, wenn deine Ersparnis dafür deutlich höher ist. Achte jedoch unbedingt darauf, ob du die Einlösebedingungen mit deinem Warenkorb erfüllst.

Rabattgutscheine von Buchhändlern lassen sich aufgrund der in Deutschland geltenden Buchpreisbindung nur auf fremdsprachige Bücher oder Spielwaren, wie beispielsweise LEGO, Playmobil oder Gesellschaftsspiele, einlösen. Wie du dennoch auch bei deutschsprachigen Büchern und zusätzlich zum Rabattgutschein auf alle anderen Artikel etwas sparen kannst, erfährst du im nächsten Abschnitt.

Geschenkgutscheine

Bestimmt hast du schon einmal einen Gutschein zum Geburtstag erhalten oder verschenkt. Dieses Gutscheinguthaben lässt sich innerhalb einer gesetzlichen Frist von mindestens drei Jahren im stationären Einzelhandel oder in einem Onlineshop einlösen. Über Gutscheinseiten wie *cadooz.de, vouchersize.de* oder *wunschgutschein.de* lassen sich Gutscheine manchmal mit einem Rabatt oder Bonus kaufen. Informationen über aktuelle Aktionen erhältst du beispielsweise über Deal-Seiten wie *mydealz.de* oder eine schnelle Suchmaschinenrecherche. Bei einem Rabatt in Höhe von 8 % würdest du bei einem 5-€-Gutschein nur 46 € bezahlen. Bei einem Bonus von 10 % auf einen 50-€-Gutschein erhältst du 5 € zusätzliches Guthaben.

Je nach Shop hast du die Möglichkeit, dir Gutscheinguthaben in unterschiedlichen Stückelungen – in der Regel zwischen 5 € und 100 € – zu kaufen.

Meist lassen sich beliebig viele Geschenkgutscheine in einem Kauf einlösen. Positiv ist, dass du dich häufig beim Kauf noch nicht auf einen Shop festlegen musst, denn cadooz bietet verschiedene „Best-Choice"-Gutscheine an, die sich dann wiederum bei mehreren Partnern einlösen lassen. So kannst du zum Beispiel dein Guthaben in Höhe von 80 € aufteilen und 30 € bei Amazon, 20 € bei Thalia und weitere 30 € bei der Drogeriekette Rossmann einlösen. Die letzten beiden lassen sich auch für den Einkauf in den stationären Filialen nutzen, indem du den Gutscheinbarcode einfach an der Kasse vorzeigst.

Analysiere einmal dein Kaufverhalten aus dem letzten Jahr. Wie viel Geld hast du bei welchem Onlineshop ausgegeben? Wenn du davon ausgehst, dass du auch im nächsten Jahr einen ähnlichen Betrag in den Shops ausgeben wirst, bietet es sich an, bei der nächsten Aktion, bei der du vergünstigtes Guthaben erhältst, zuzuschlagen und dieses zu erwerben.

Falls du die Gutscheine nicht sofort einlöst, empfehle ich dir, die digitalen Gutscheine an einem Ort abzuspeichern, an dem du sie sofort wiederfindest. Dazu bietet sich das Speichern bei einem Cloud-Dienst, in einem Ordner im E-Mail-Postfach oder in einer Wallet-App auf deinem Smartphone an.

Als Smartphone-Nutzer hast du automatisch kostenlosen Zugriff auf Google-Drive beziehungsweise iCloud. Anders als beim lokalen Speichern auf deinem PC sind die Daten so auch bei Verlust, Diebstahl oder technischem Defekt nicht verloren, sondern von überall mit einem internetfähigen Gerät abrufbar. In einer Wallet-App kannst du unter anderem Eintrittskarten oder Flugtickets abspeichern. Gutscheine, die du für das stationäre Einkaufen erworben hast, solltest du hier abspeichern, damit du sie immer bei dir hast.

Bevor du jetzt anfängst, fleißig Gutscheinguthaben zu kaufen, warte unbedingt noch die nächsten beiden Kapitel zu den Themen Cashback und Bonussystem ab. Denn so viel sei schon einmal verraten, auch beim Kauf von Geschenkgutscheinen gibt es noch eine weitere Möglichkeit, diese vergünstigt zu erhalten.

4. Cashback – ab jetzt bei (fast) jedem Onlineeinkauf

Cashback bedeutet übersetzt, dass du Geld zurückerhältst. Das System funktioniert durch Provisionen. Schließt du beispielsweise eine Versicherung bei einem Versicherungsmakler vor Ort ab, so erhält dieser für den Abschluss eine Provision. Genauso funktioniert dies auch bei einem Cashbackanbieter, nur, dass dieser einen Teil der Provision an dich weiterreicht und deinem Cashbackkonto gutschreibt. Dies können fixe Beträge oder eine prozentuale Rückerstattung des Kaufpreises sein. In Deutschland gibt es aktuell mehr als 20 verschiedene Cashbackanbieter, von denen sieben das Guthaben bereits ab einem Euro kostenlos auf dein Bankkonto auszahlen. Einen Kurzvergleich der Anbieter findest du unter den Anmerkungen hinten.[4] Damit du Cashback sammeln kannst, benötigst du ein kostenfreies Konto bei dem Cashbackportal deiner Wahl. Eines der größten in diesem Bereich ist zurzeit die Seite *shoop.de*. Am Ende dieses Kapitels zeige ich dir, wie du das meiste Cashback herausholen und somit deine effektive Ersparnis weiter erhöhen kannst.

An einem Beispiel zeige ich, wie das Cashbackprinzip funktioniert: Auf der Suche nach einer neuen Jacke ist unser Sparfuchs Lisa beim Preisvergleich auf den Onlineshop von s.Oliver aufmerksam geworden, der ihr Objekt der Begierde für 100 € am günstigsten von allen Shops anbietet. Damit beispielsweise Shoop nun eine Provision erhält, geht Lisa vor ihrem Onlineeinkauf auf die Homepage von Shoop, loggt sich ein und sucht das Unternehmen, bei dem sie den Kauf tätigen möchte. So findet sie heraus, dass es gerade 5 % Cashback für einen Einkauf bei s.Oliver gibt. Lässt sie sich nun per sogenanntem Affiliate-Link von Shoop zum Onlineshop weiterleiten und tätigt dort den Einkauf der gewünschten Jacke, so erhält sie 5 % des Kaufbetrages auf ihrem Cashbackkonto gutgeschrieben.

Auf der Suche nach Rabattgutscheinen wirst du häufig direkt zur Shopseite weitergeleitet. Jetzt weißt du auch, wieso. Über den hinterlegten Affiliate-Link wollen die Seiten, die die Gutscheine anbieten, die Provision für sich einstreichen. Genauso ist es, wenn du von einem Vergleichsportal wie *idealo.de* weitergeleitet wirst. Indem du nun über deinen Cashbackanbieter das Produkt kaufst, wandert ein Teil der Provision in deine Tasche. Den anderen Teil behält das Cashbackportal ein, um die Kosten für das Betreiben der Homepage zu decken und schlussendlich Gewinne zu erwirtschaften. Denke also unbedingt daran, dass die letzte Weiterleitung vor dem Kauf über das Cashbackportal deiner Wahl gelaufen sein muss, damit du das Cashback auch erhältst.

Wichtig, damit dein Cashback erfasst und zugeordnet werden kann, ist, dass du in deinem Browser zwingend Cookies aktivierst und Add-Blocker deaktiviert sind. Aber keine Sorge, darauf weist dich der Cashbackanbieter vor dem Einkauf noch einmal hin.

Kommen wir auf das Beispiel von Lisas Jackenkauf zurück: Auf der Cashbackseite bei Shoop zum Shop von s.Oliver wird Lisa sogar ein 10-%-Rabattgutschein vorgeschlagen, der sich mit dem Cashback kombinieren lässt. Für eine kurze Zwischenbilanz reicht an dieser Stelle ein einfaches Addieren der bisherigen Prozentzahlen aus, auch wenn es mathematisch nicht bis auf die letzte Nachkommastelle korrekt ist: Durch einen erworbenen Geschenkgutschein hat Lisa bereits 8 % gespart. Nun kommen weitere 5 % Cashback und ein Rabattgutschein in Höhe von 10 % hinzu, was einer Ersparnis von ~ 23 % entspricht – nicht schlecht. Statt 100 € gibt Lisa für ihre Jacke nun nur noch 77 € aus und hat 23 € gespart.

Damit die Nutzung von Cashback optimal funktioniert, möchte ich dir im weiteren Verlauf ein paar wichtige Erfolgsfaktoren erläutern. Bevor du bei einem Shop einkaufst, solltest du dir die Cashbackbedingungen des jeweiligen Anbieters genau durchlesen. Hin und wieder sind bestimmte Produkte ausgeschlossen, für die kein Cashback gezahlt wird. Mitunter listet der Cashbackanbieter selbst – wie in unserem

Beispiel – einen Rabattgutschein für einen Shop auf. Das hat den Vorteil, dass diese Gutscheine mit Cashback kombinierbar sind. Nutzt du einen nicht beim Cashbackanbieter gelisteten Rabattgutschein, kann das dazu führen, dass kein Cashback gezahlt wird. Nach meiner Erfahrung wird jedoch häufig das Cashback erfasst und ausgezahlt, auch wenn ein externer Gutschein verwendet wurde.

Aber selbst falls nicht, lohnt sich der zuvor genannte Tipp, auch nach externen Rabattgutscheinen zu recherchieren. Findest du beispielsweise einen 15-%-Rabattgutschein, so vermindert sich dein Kaufpreis direkt und du musst nicht in Vorleistung gehen. Denn bei einem Einkauf mit Cashback dauert es je nach Anbieter und Shop ein paar Wochen oder Monate, bis der Betrag tatsächlich zur Auszahlung freigegeben wird.

Übrigens, falls ein Einkauf in deinem Konto einmal nicht korrekt erfasst wurde, obwohl du die Cashbackbedingungen eingehalten hast, kannst du bei allen Anbietern eine Nachbuchungsanfrage stellen. Dadurch löst du beim jeweiligen Cashbackportal eine Recherche aus, die häufig dazu führt, dass dein Einkauf nachträglich vermerkt wird. Konkurrenz belebt bekanntlich das Geschäft. Deswegen solltest du mehrere Cashbackportale vergleichen und auch nutzen. Über die Seite *cashbacksvergleichen.de* kannst du dir vor dem Einkauf anzeigen lassen, welches Cashbackportal aktuell die höchste Cashbackrate für deinen Einkauf bietet. Leider fehlt mit *topcashback.de* ein Anbieter im Vergleich, der mit sehr guten Cashbackraten zu überzeugen weiß.

Tipp: Fast alle Cashbackportale bieten dir einen Bonus, wenn du dich neu anmeldest. Manche gewähren den Bonus nur, wenn du von jemand anderem geworben wurdest. Falls du keinen Werber hast, auf den Bonus jedoch nicht verzichten möchtest, kannst du im Link in der Endnote nach einem Werber bei mydealz suchen.[5]

5. Bonussysteme – Anwendung für Online- und Offlinekäufe

Anders als bei Cashbacksystemen wird deinem Konto bei sogenannten Bonussystemen kein Euro-Betrag gutgeschrieben, sondern in der Regel mit einem Punktesystem gearbeitet. Die Frage „Sammeln Sie Payback-Punkte?“ wirst du mit Sicherheit schon mehr als einmal beim Einkaufen an der Kasse gehört haben. Payback ist in Deutschland mit Abstand der größte und bekannteste Anbieter am Markt und bereits seit dem Jahr 2000 aktiv.[6] Beginnend mit Payback erkläre ich dir in den nächsten Kapiteln die bekanntesten in Deutschland existierenden und kostenlosen Bonussysteme und wie du die Punkte zu Geld machen kannst.

Payback

Mit einer Payback-Karte kannst du online bei mehr als 600 Shops dein Punktekonto füllen. Auch offline kannst du bei Läden wie Edeka, Netto, dm oder Thalia – um nur einige zu nennen – Punkte sammeln. Somit bietet das System dir insbesondere beim stationären Einkaufen eine ideale Alternative zum Cashback.

Egal ob online oder offline, das Grundkonzept bleibt dasselbe. Pro 2 € Einkaufswert erhältst du in der Regel einen Payback-Punkt auf deinem Konto gutgeschrieben. Dieser entspricht dem Wert eines Cents und somit einer effektiven Ersparnis von 0,5 % (0,01 €/2 € * 100 = 0,5 %). „Das lohnt doch nicht“, wirst du vielleicht denken. Und genau aus dem Grund habe auch ich lange Zeit Payback vernachlässigt und zahlreiche Punkte und somit Geld verschenkt. Mit der Payback-App stehen dir jedoch wertvolle Coupons zur Verfügung, mit denen du die 5- bis 20-fache Anzahl an Punkten erhalten kannst, wenn du sie manuell vor dem Kauf aktivierst.

Falls du bereits eine Payback-Karte hast, lade dir die App auf dein Smartphone herunter, logge dich ein und schaue einmal nach, welche Coupons es gerade für dich gibt. Diese sind zum Teil personalisiert, sodass du mit hoher Wahrscheinlichkeit Coupons hast, die jemand anderes gar nicht oder in einer anderen Höhe besitzt. Bei einem 5-fach-Punkte-Coupon würde sich deine effektive Ersparnis bereits auf 2,5 % erhöhen und bei 10-fach-Punkten sogar auf 5 % verdoppeln.

Bei der Recherche nach aktuellen Coupons wird dir vielleicht aufgefallen sein, dass mit Aral auch eine Tankstellenkette am Payback-Programm teilnimmt. Hier kannst du ebenfalls Punkte sammeln, jedoch nicht 1 Punkt pro 2 €, sondern 1 Punkt pro 2 Liter. Zwar sind Aral-Tankstellen nominell nicht immer die günstigsten Tankstellen, mit einem passenden E-Coupon kann es aber sein, dass du hier dennoch effektiv an den günstigsten Preis pro Liter Kraftstoff gelangst.

Tipp: Seit einiger Zeit gibt es die Aral-App. In dieser lässt sich nicht nur dein Payback-Konto einbinden, sondern es gibt zusätzlich Coupons von Aral, mit denen du beim Tanken sparst. Beispielsweise bekommst du einen Gratis-Liter ab einer bestimmten Tankmenge oder einen zusätzlichen Tankrabatt von 1 Cent pro Liter Kraftstoff. Die Aral-Coupons lassen sich ohne Weiteres mit den Payback-Coupons kombinieren.

Falls du noch keine Payback-Karte hast, kannst du diese kostenlos online oder bei teilnehmenden Händlern beantragen. In regelmäßigen Abständen gibt es Aktionen, bei denen du 400 Extra-Punkte zum Start erhältst. Eine kurze Onlinerecherche wird dir weiterhelfen, ob gerade eine solche Aktion aktiv ist.

Gehe an einem Tag in der Woche – am besten montags, wenn es die neuen Coupons gibt – in die App und aktiviere alle deine freigeschalteten Coupons. Das bietet dir zwei Vorteile:

Zum einen bekommst du so einen guten Überblick über aktuelle Aktionen und kannst deine Einkäufe bewusst steuern. Zum anderen wird beim Vorzeigen der Payback-Karte immer der höchstmögliche Coupon für dich verwendet, sodass du auch bei kleinen Einkäufen maximal punktest. So ist es mir kürzlich bei einem Apothekeneinkauf für 13 € gegangen. Die freundliche Mitarbeiterin fragte, ob ich eine Payback-Karte hätte, und ohne viel zu erwarten, habe ich diese vorgezeigt. Erst später in meiner App konnte ich sehen, dass die Apotheke nicht nur untypischerweise einen Punkt pro 1 € Einkaufswert vergütete, sondern dass ich auch noch einen 11-fach-Punkte-Coupon aktiviert hatte. Dadurch habe ich für meinen Einkauf 143 Payback-Punkte erhalten und somit 1,43 € gespart.

In der Vergangenheit konnten bei den ehemaligen Payback-Partnern Rewe und Penny Gutscheinguthaben mit einem effektiven Rabatt von 8 % erworben werden. Je nach Aktion konnte ein 16-fach-Punkte-Coupon aktiviert werden oder man erhielt beim Kauf eines 50-€-Gutscheins 400 Zusatzpunkte. Zum 01.01.2025 wurden die o.g. Partner durch Edeka und Netto ersetzt. Es ist zu erwarten, dass ähnliche Aktionen bei diesen Partnern wiederholt werden. Neben den in Kapitel 1.3 genannten Möglichkeiten ist dies eine weitere Option, um effektiv günstiger an Gutscheinguthaben zu gelangen.

Deine Payback-Punkte sind nach der Gutschrift 36 Monate vor dem Verfall geschützt. Stichtag ist immer der 30.09. eines jeden Jahres. Damit du deine Punkte nicht umsonst gesammelt hast, zeige ich dir vier Möglichkeiten, wie du sie einsetzen kannst. Außerdem erfährst du später im Kapitel 1.6 „Kreditkarten", wie du deine Payback-Punkte dauerhaft vor dem Verfall schützen kannst.

Die erste Möglichkeit ist, deine Punkte entweder für Gutscheine oder Sachprämien im Prämienshop einzulösen. Aus meiner Perspektive ist dies jedoch unattraktiv, da du in der Regel auch mit Rabattcodes für den Prämienshop nicht einmal annähernd an die dargelegten 8 % Ersparnis beim Kauf von Gutscheinguthaben herankommst. Es gibt jedoch drei Alternativen, die deutlich attraktiver sind:

- Da wäre zum einen der Einsatz bei Partneraktionen. Hin und wieder gibt es beispielsweise bei teilnehmenden Händlern die Aktion, dass du deine Payback-Punkte in einen Einkaufsgutschein umwandelst und dafür 10 % der eingesetzten Punkte zurück auf dein Payback-Konto erhältst.
- Möchtest du darauf nicht warten, kannst du dir, sobald du mehr als 200 Punkte gesammelt hast, diese kostenlos über den folgenden Link auf dein Girokonto auszahlen lassen: *payback.de/info/mein-payback/banktransferredemption*.
- Nimmst du am Lufthansa-Meilenprogramm teil – dazu später mehr –, kannst du als dritte Möglichkeit die Punkte auch 1:1 auf dein Miles-&-More-Konto übertragen. Hier gab es in der Vergangenheit ebenfalls wiederkehrende Aktionen, bei denen du Payback-Punkte mit einem 25-%-Bonus in Meilen tauschen konntest.

Bisher sind wir vermehrt auf den Einsatz der Payback-Karte beim stationären Einkaufen eingegangen. Allerdings gibt es auch eine Vielzahl von Partnern, bei denen du beim Onlineshopping punkten kannst. Dies geht auf wiederum auf zwei Arten.

Bei der ersten wählst du dich online in deinem Payback-Konto ein und lässt dich genauso wie bei Cashbackportalen von Payback zum Partner deiner Wahl weiterleiten. Payback bekommt – wie der Cashbackanbieter – für deinen Einkauf eine Provision und belohnt dich dafür im Gegenzug mit Punkten. Für dich bedeutet das, dass du ermitteln musst, ob für dich der Einkauf mit Cashback oder per Payback eine höhere Ersparnis bereithält. Zur Erinnerung, bei Payback erhältst du je volle 2 € einen Payback-Punkt. Bei einem Einkauf in Höhe von 3,99 € wären das somit auch mit einem 15-fach-Coupon nur 15 Payback-Punkte, was einer Ersparnis von ~ 3,76 % (0,15 € / 3,99 € * 100) entspricht. Bei größeren Einkäufen kannst du die effektive Ersparnis näherungsweise ermitteln, indem du die x-fach-Punkte durch die Zahl 2 teilst, um deinen Bonus zu ermitteln. So wäre ein 10-fach-Payback-Coupon (10 / 2 = 5 %) für dich besser als ein Cashback in Höhe von 4 %.

Kommen wir nun zur zweiten Variante, um online Payback-Punkte zu sammeln, und damit zur Königsdisziplin. Sie vereint die beiden Kategorien Cashback und Payback miteinander. Bei einigen Anbietern, wie *thalia.de,* kannst du nämlich auch Payback-Punkte sammeln, ohne dass du dich zuvor über *payback.de* hast weiterleiten lassen. Das funktioniert, indem du im Bestellprozess im Warenkorb deine Payback-Nummer einträgst. Hast du einen aktiven Coupon, wird dieser automatisch bei der Bepunktung des Einkaufs berücksichtigt. Das ermöglicht dir, dich erst von deinem Cashbackportal zur gewünschten Partnerseite weiterleiten zu lassen, um dort im Warenkorb deine Payback-Nummer einzutragen.

Diese Kombinierbarkeit von Cashback mit Payback ist ein richtiger Boost beim Erzielen eines möglichst geringen Effektivpreises. Du sparst im besten Fall an vier Stellen:

- durch einen Rabattgutschein,
- durch das mit mindestens 8 % Rabatt erworbene Gutscheinguthaben,
- durch das Cashback,
- durch x-fach-Payback-Punkte.

Je nach Partner und Zeitpunkt kannst du Einsparungen von bis zu 50 % erzielen. Deshalb ergibt es Sinn, sich beim Preisvergleich über *idealo.de* nicht nur auf den günstigsten Anbieter allein zu fokussieren, sondern die zwei bis drei günstigsten Anbieter näher in den Blick zu nehmen. So kann es vorkommen, dass der drittgünstigste Anbieter zu Beginn zwar etwas teurer ist als die anderen, durch die Berücksichtigung des oben dargestellten Schemas am Ende jedoch die effektiv günstigste Wahl ist. Mit der Zeit wirst du auch hier ein Gespür dafür bekommen, bei welchen Shops sich eine genauere Recherche lohnt und bei welchen nicht.

Egal, ob es sich um einen stationären oder einen Onlineeinkauf handelt: Wurden dir Punkte gar nicht oder nicht in der richtigen Höhe gutgeschrieben, hast du – wie schon beim Cashback – die Möglichkeit, über das Nachbuchungsportal die fehlenden Punkte nachbuchen zu lassen. Fülle dazu unter *payback.de/info/kontakt* das Kontaktformular mit Angaben zu deinen fehlenden Punkten aus.

Deutschlandcard

Seit 2008 gibt es mit der Deutschlandcard ein weiteres Kundenbindungsprogramm. Es unterhält Kooperationen mit rund 450 Onlineshops.[7] Durch den Wechsel der großen stationären Partner Edeka und Netto zu Payback hat es jedoch einiges an Attraktivität eingebüßt. Es funktioniert genauso wie das zuvor erläuterte Payback-Programm, nur dass du dieses Mal eben einen Deutschlandcard-Punkt für 2 € Umsatz beziehungsweise bei der Tankstelle Esso für zwei getankte Liter erhältst.

Ein Punkt entspricht auch hier wieder einem Gegenwert von einem Cent und in der zugehörigen App kannst du ebenfalls x-fach-Coupons der teilnehmenden Händler aktivieren, um auf eine höhere Ersparnis zu kommen. Leider ist eine Auszahlung der gesammelten Punkte auf dein Girokonto nicht möglich. Das macht jedoch nichts, da sich dein Guthaben ab 100 Punkten (= 1 €) mit einem Einkauf bei einem der teilnehmenden Partner verrechnen lässt. Hierzu genügt eine kurze Info an das Kassenpersonal, dass du gerne deine Deutschlandcard-Punkte für den Einkauf einlösen möchtest.

Während stationäre Partner entweder exklusiv am Payback- oder Deutschlandcard-Programm teilnehmen, gibt es bei den Onlinepartnern zahlreiche Shops, die bei beiden Programmen gelistet sind. Hier kann sich ein Vergleich lohnen, welches einen höheren Bonus für den Einkauf gewährt. Genau wie bei Payback verfallen die Punkte der Deutschlandcard ebenfalls nach 36 Monaten, allerdings zum Ende eines jeden Quartals. Ab und zu gibt es für die Deutschlandcard Aktionen, wodurch Neukunden bereits mit einem Punktestand von bis zu 500 Punkten (= 5 €) begrüßt werden.

Bahnbonus

Die Deutsche Bahn bietet ein Bonusprogramm für den Schienenverkehr an. Dabei kannst du für das Buchen von Zugtickets und für Einkäufe bei den 16 Kooperationspartnern aus den Bereichen Mobilität und Reise oder für ein Abonnement der Frankfurter Allgemeinen Zeitung punkten.[8] Zum Start erhältst du für die Teilnahme am Programm Bahnbonus-Punkte, die du in Bahn-Gutscheine für Speisen oder die nächste Zugfahrt umwandeln kannst. Ein Bahnbonus-Punkt entspricht einem Gegenwert von 2 Cent. Die Punkte kannst du auch für Upgrades in die erste Klasse oder eine Freifahrt in der zweiten Klasse im Fernverkehr einlösen. Wie du anhand der Beispiele siehst, lohnt sich die Teilnahme nur, wenn du auch tatsächlich mit der Deutschen Bahn fährst. Die Bonuspunkte verbleiben auch hier wieder für 36 Monate bis zum Quartalsende in deinem Account.

Eigene Bonussysteme der Händler

Wie du beim Lesen dieses Kapitels festgestellt haben wirst, ähneln die Systeme einander sehr und es gibt wiederkehrende Muster. Durch die Verbreitung des Smartphones haben Unternehmen in den letzten Jahren zunehmend ihre bisherigen analogen Bonussysteme auf digitale, App-basierte Systeme umgestellt oder überhaupt erst ein eigenes Bonussystem zur Kundenbindung eingeführt. Neben der bereits erwähnten Aral-App haben auch fast alle Discounter, Drogeriemärkte und Baumärkte eine eigene App, die entweder sofortige Rabatte bereithält oder dir einen Umsatzbonus beschert.

Bei den einzelnen Bonussystemen der Händler musst du für dich entscheiden, wie weit du das Spiel treiben möchtest, da der Nutzen sehr von deinem persönlichen Konsumverhalten und der Zeit, die du für die Inanspruchnahme benötigst, abhängt.

6. Kreditkarten – zusätzlich sparen mit der richtigen Zahlungsart

Kommen wir nun zur Spitze der Pyramide, dem letzten Schritt. Durch den Einsatz der richtigen Kreditkarte beim Bezahlvorgang lässt sich zwar zunächst nur ein kleiner Betrag in Höhe von 0,3 bis 1 % des Umsatzes einsparen, dafür jedoch an allen Stellen, die Kreditkarten akzeptieren. Das bedeutet, dass du sogar bei Wocheneinkäufen bei Aldi oder Lidl, die weder am Payback- noch am Deutschlandcard-Bonussystem teilnehmen, noch etwas einsparen kannst. Da du die Ersparnis nicht in Euro, sondern teilweise in Punkten erhältst, werde ich dir zudem zeigen, wie du etwas mehr als die 0,3 % an Gegenwert aus deinen Punkten herausholen kannst. Bei Kreditkarten müssen wir zwischen einer „echten" Kreditkarte und einer Debitkarte unterscheiden.

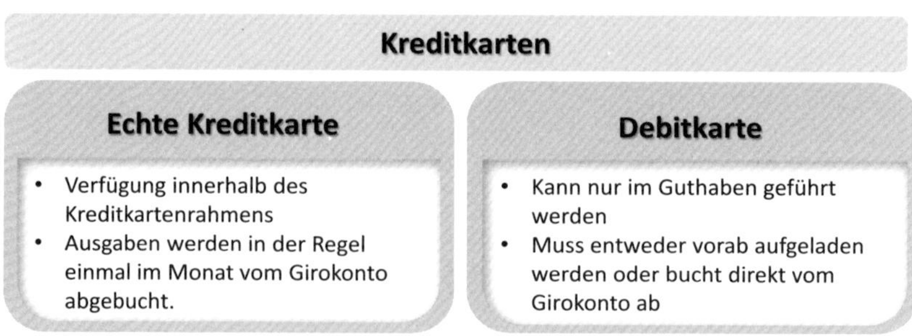

Unterscheidung Kredit- und Debitkarten. Eigene Darstellung.

Bei der „echten", klassischen Kreditkarte räumt die Kreditkartengesellschaft dir, wie der Name schon sagt, einen kostenlosen Kredit ein. Der Betrag wird nämlich nicht sofort von deinem Konto abgebucht, sondern zunächst in deinem Kreditkartenkonto verbucht. Nach vier Wochen erfolgt in aller Regel eine Abbuchung des angesammelten Kreditkartensaldos von deinem Girokonto. Du solltest also einen guten Überblick über deine Finanzen haben und auf dem Schirm behalten, wie viel Geld du mit der Kreditkarte ausgegeben hast, damit dein Girokonto am Abrechnungstag eine ausreichende Deckung aufweist. Dabei helfen dir die Apps der Kreditkartengesellschaften, in denen du jederzeit den aktuellen Saldo sowie die einzelnen Buchungen nachvollziehen kannst.

Bei einigen Kreditkartengesellschaften ist es nicht voreingestellt, dass 100 % deines gesammelten Saldos abgebucht werden. Sie versuchen, ihre Gewinne dadurch zu erhöhen, dass sie nur einen Teil des angefallenen Saldos, beispielsweise 10 %, abbuchen und dir die restlichen 90 % weiterhin leihen, jedoch jetzt nicht mehr kostenlos, sondern zu Zinssätzen jenseits der 15 %. Das kannst und solltest du vermeiden, indem du beim Antrag oder später in deinem Kundenkonto angibst, dass monatlich immer 100 % des Rechnungsbetrags eingezogen werden sollen.

Die Debitkarte wird (fast) überall akzeptiert, wo auch Kreditkarten genommen werden. Einzige Ausnahme sind manche Mietwagenfirmen, die für das Stellen einer Kaution eine echte Kreditkarte verlangen. Debitkarten werden nur auf Guthabenbasis geführt. Je nach herausgebender Bank gibt es dabei zwei Varianten:

- Bei der ersten Version muss die Karte vorab durch eine Überweisung aufgeladen werden. Überweist du beispielsweise 200 € auf diese Karte, so kannst du die Karte so lange für Käufe einsetzen, bis die 200 € aufgebraucht sind.
- Bei der zweiten Variante werden die Zahlungen genau wie bei der bisherigen Girokarte direkt vom Girokonto abgebucht.

Debitkarten sind meist die einzigen Karten, die Banken an Minderjährige oder junge Erwachsene mit niedrigem Einkommen herausgeben. Durch das Führen auf Guthabenbasis kann der Karteninhaber sich nicht verschulden, wodurch das Ausfallrisiko für die Bank entfällt.

Im Folgenden möchte ich dir einen Überblick über das riesige Kreditkartenangebot am Markt verschaffen. Dabei werde ich mich ausschließlich auf kostenlose Kreditkarten beschränken.

Genau wie bei Cashbackportalen und Bonussystemen brauchst du dich nicht für eine einzelne Kreditkarte zu entscheiden. Ganz im Gegenteil solltest du mehrere in deinem Portemonnaie haben, um die passende Kreditkarte in der richtigen Situation zücken zu können.

Apropos Cashback und Bonus: Zum Ende der vorgestellten Kreditkarten sage ich dir, wie viel Prämie es in der Vergangenheit für das Beantragen der jeweiligen Karten gab. Falls du dich für eine entscheidest, solltest du vor der Beantragung überprüfen, ob du nicht zusätzlich noch Cashback oder Bonuspunkte für die Beantragung erhalten kannst.

> **Hinweis:** Prämien, die du unter anderem für die Beantragung von Kreditkarten erhältst, sind steuerpflichtig und werden zu den „sonstigen Einkünften" gezählt.[9] Die aktuelle Freigrenze liegt bei 256 €. Falls du also mit den Prämien pro Jahr unter dieser Grenze bleibst, musst du diese nicht versteuern. Leider handelt es sich jedoch um eine Freigrenze und nicht um einen Freibetrag. Anders als beim Freibetrag, wo du nur die darüber hinausgehenden Beträge mit deinem persönlichen Einkommenssteuersatz versteuern musst, ist bei einer Freigrenze bei Überschreiten eben dieser Grenze der gesamte Betrag zu versteuern.
>
> Das bedeutet im Klartext: Erhältst du mehr als 256 € an Prämien im Jahr, musst du diese in deiner Einkommenssteuererklärung angeben und komplett versteuern. Falls du als Schüler oder Student mit deinem Einkommen inklusive Prämien unter dem Grundfreibetrag bleibst, bleibt deine Prämie steuerfrei.[10]

Im Folgenden werde ich Karten der Kreditkartengesellschaften Visa, Mastercard und American Express (kurz Amex) vorstellen. Inzwischen ist Amex deutlich verbreiteter und wird häufiger akzeptiert als noch vor einigen Jahren. Jedoch lässt sich nicht leugnen, dass Kreditkarten der Gesellschaften Visa und Mastercard weltweit, aber besonders auch in Deutschland noch auf eine größere Akzeptanz stoßen. Dies liegt unter anderem an den höheren Gebühren, die ein Händler für eine Zahlung mit American Express an die Kreditkartengesellschaft abführen muss. Am Ende des Kapitels werde ich zusammenfassen, auf welche Aspekte du bei der Auswahl deiner Kreditkarten einen Blick werfen solltest.

American Express Payback-Kreditkarte

Mit dieser Karte sammelst du bei jeder Transaktion einen Payback-Punkt je 3 € Umsatz (= 0,33 %), unabhängig davon, ob du bei einem am Payback-System teilnehmenden Unternehmen einkaufst oder nicht. Einzige Ausnahme bilden Tankstellenumsätze, die leider von der Bepunktung ausgenommen sind. Die Punkte werden zunächst auf deinem Amex-Konto gesammelt und mit der Abbuchung des Kreditkartensaldos deinem Payback-Konto gutgeschrieben. Zusätzlich hast du Zugriff auf die sogenannten „Amex Offers“, spezielle und teilweise personalisierte Angebote, bei denen du bei bestimmten Händlern zusätzliche Punkte oder Gutschriften für den Kartenumsatz erhältst.

Tipp: Der Vorteil, den du durch die Amex Offers erhalten kannst, ist nicht zu unterschätzen und hängt stark von deinem Nutzungsverhalten ab. So gibt es häufig Angebote, bei denen du bei einer Buchung bei einer bestimmten Hotelkette 50 € ab einem Mindestbuchungswert von 150 € zurückerhältst. Das Gleiche gibt es auch für Flugbuchungen bestimmter Airlines. Wiederkehrend kommt es zu Aktionen, bei denen du bei unterschiedlichen Tankstellen Gutschriften zwischen 10 und 23 % auf einen in der Aktion definierten, maximalen Tankbetrag erhältst. Zu den Offers gelangst du in der App oder im Onlinebanking. Dabei ist es wichtig, dass die Offers vor deinem Einkauf per Klick aktiviert werden.

Ein weiterer Vorteil der Payback-Amex ist, dass deine Payback-Punkte dauerhaft vor einem Punkteverfall geschützt sind. Anders als bei der normalen Payback-Karte, bei der es nur einen kleinen Willkommensbonus gibt und es sich daher lohnt, diesen sofort zu beantragen und mit dem Punktesammeln zu beginnen, empfehle ich dir bei der Beantragung der Amex-Payback, auf eine Aktion mit attraktivem Willkommensbonus zu warten. In der Vergangenheit gab es bis zu 6.000 Payback-Punkte zum Start, also effektiv 60 €. Eine kurze Recherche wird dir Aufschluss darüber geben, ob es aktuell eine lohnende Aktion gibt. 3.000 Punkte gibt es sehr häufig, daher ist meine Empfehlung zu warten, bis dir mindestens 5.000 Punkte angeboten werden.

American Express BMW-Card

Keine Sorge, um die BMW-Card von American Express zu beantragen, brauchst du nicht zwangsläufig auch einen Wagen des Autobauers zu fahren. Anders als bei der Amex-Payback-Karte werden bei dieser Kreditkarte auch Tankstellenumsätze belohnt und du erhältst 1 % Rückvergütung auf alle Tankstellenumsätze bei den Tankstellen von Aral, Westfalen AG, Esso, Shell, BFT, AGIP, JET, Total, Avia, Tamoil und ÖMV.

Zusätzlich erhältst du für alle Umsätze sogenannte Membership-Rewards-Punkte (MSRP). Pro 1 € Umsatz erhältst du einen MSRP. Die Punkte können wahlweise von Amex zu verschiedenen Vielfliegerprogrammen transferiert oder in Punkte von Hotelketten übertragen werden, um dort wiederum für Prämienflüge oder kostenlose Übernachtungen eingesetzt zu werden. Alternativ können MSRP im Verhältnis 3:1 in Payback-Punkte getauscht werden. Dort kannst du dir die Punkte entweder (wie in Kapitel 1.5 beschrieben) auszahlen lassen oder sie in das Vielfliegerprogramm von Miles & More übertragen. Im Link in der Endnote findest du eine sehr gute Übersicht zur Konvertierbarkeit der MRSP.[11]

Durch ihre vielfältige Verwendung ist der Wert von MSRP etwas höher als der von Payback-Punkten anzusetzen. Ist das vorrangige Ziel jedoch, diese in Bargeld umzuwandeln, kannst du dies über den Umweg Payback tun. Dazu wandelst du je 3 MSRP in einen Payback-Punkt um, daraus ergibt sich eine Rückvergütung in Höhe von 0,33 %. Stattdessen kannst du dir ab 5.000 Memberschip-Rewards-Punkten diese auch in Amazon-Gutscheine (25 €) transferieren lassen und erhältst dadurch ein besseres Tauschverhältnis in Höhe von 0,5 %.

In der Karte inkludiert ist eine Auslandsreisekrankenversicherung, die dafür sorgt, dass du auch im Krankheitsfall im Urlaub nicht auf etwaigen Krankenhaus- oder Arztkosten sitzen bleibst. Die Reise muss nicht mit der Karte bezahlt werden, der Besitz der Karte genügt, um den Versicherungsschutz zu aktivieren. Für genauere Informationen solltest du einen Blick in die aktuellen Versicherungsbedingungen der Karte werfen.[12] Die BMW-Card ist das erste Jahr über kostenlos und bleibt dauerhaft beitragsfrei, wenn du einen Jahresumsatz von mindestens 4.000 € erzielst. Für die Beantragung als Neukunde sind bis zu 40 € Bonus möglich.

Santander BestCard Basic

Die Santander BestCard von Visa ist dauerhaft und bedingungslos kostenlos und bietet dir gleich zwei Features. Zum einen bietet sie dir auf deine Tankumsätze – genau wie die BMW-Card von Amex – 1 % Cashback, jedoch mit dem Unterschied, dass dies bei Umsätzen an allen Tankstellen erfolgt, dafür jedoch auf monatlich maximal 200 € beschränkt ist. Zum anderen kannst du mit ihr viermal pro Monat kostenlos Bargeld abheben – und das weltweit. Lediglich bei Abhebungen in Ländern außerhalb des Euroraums kommen noch Fremdwährungsgebühren für den Umrechnungskurs hinzu. Das einzige Manko der Karte ist, dass es nicht möglich ist, 100 % des Kreditkartensaldos abbuchen zu lassen. So werden immer nur 5 % des Saldos ausgeglichen und der restliche Betrag teuer verzinst. Das kannst du jedoch beheben, indem du nach der Zusendung der Rechnung den kompletten Rechnungsbetrag auf dein Kreditkartenkonto überweist. Somit hast du eine gute Karte, bei der du tankstellenunabhängig 1 % Rückvergütung erhältst und flexibel bei der Wahl des Automaten zur Geldabhebung im In- und Ausland bist.

Barclays Visa

Mit der Barclays Visa sammelst du zwar keine Punkte, womit sie in dieser Auflistung eigentlich nichts zu suchen hat, dennoch kann sie sich für den gelegentlichen Einsatz lohnen. Genau wie bei der Santander BestCard kannst du mit ihr weltweit kostenlos Bargeld abheben. Darüber hinaus kannst du die Karte sogar weltweit beim Bezahlen in anderen Währungen kostenlos einsetzen. Alle bisher geschilderten Kreditkarten nehmen dafür eine sogenannte Fremdwährungsgebühr von in der Regel 2 % für das Umrechnen der Kurse. Als Neukunde waren in der Vergangenheit bis zu 70 € Bonus beim Abschluss drin. Leider ist bei Neukunden inzwischen kein 100-%-Lastschrifteinzug mehr möglich, sodass du an den vollständigen Ausgleich des Rechnungsbetrags bei Fälligkeit denken solltest.

Norwegian

Zum Abschluss der kostenlosen Kreditkarten habe ich noch eine lohnende Kreditkarte für dich: die Norwegian. In vielen Punkten ist sie ähnlich zur Barclays Visa, legt jedoch noch ein attraktives Versicherungspaket obendrauf. Doch der Reihe nach: Bargeldabhebungen sind weltweit kostenlos möglich und die Fremdwährungsgebühren entfallen ebenfalls. Die Begleichung der Rechnung ist zudem vollständig per Lastschrift möglich.

Neben der dir bereits bekannten Auslandskrankenversicherung sind bei dieser Karte auch eine Reiserücktritts- und eine Reiseabbruchversicherung inkludiert. Die Reiserücktritts- beziehungsweise Reiseabbruchversicherung leistet dann, wenn du eine geplante Reise beispielsweise aufgrund einer eigenen Erkrankung oder eines Sterbefalls im nahen familiären Umfeld nicht antreten kannst oder abbrechen musst. Damit die Reiserücktrittsversicherung im Schadensfall leistet, müssen mindestens 50 % der Transportkosten mit der Karte bezahlt werden. Buchst du also die Flüge mit der Norwegian, so leistet diese im Schadensfall bis 3.350 € pro Person, jedoch maximal 6.700 € bei Familien. Ebenfalls positiv ist, dass deine Selbstbeteiligung in diesem Fall auf 70 € pro Reise und nicht wie bei anderen Kreditkarten zum Beispiel auf 100 € pro Person gedeckelt ist. Bei dieser und jeder anderen Karte solltest du den Blick in die Versicherungsbedingungen nicht scheuen, um zu wissen, was du beachten musst und wogegen du genau abgesichert bist.

Eurowings Premium

Bei der von Visa herausgegebenen Eurowings Premium sammelst du je 2 € eine Lufthansa-Miles-&-More-Meile. Für 3.000 Meilen erhältst du im Prämienshop einen 10-€-Gutschein für einen Shop deiner Wahl. Daraus ergibt sich ein rechnerischer Gegenwert von 0,3 Cent/Meile (10 €/3000 Meilen). Attraktiver ist jedoch die Einlösung von Meilen für die Flugbuchung, wodurch sich der Gegenwert auch auf 5 Cent pro Meile erhöhen kann.[13] Falls dich dieses Thema näher interessiert, findest du in der Endnote weitergehende Informationen.

Der größte Vorteil dieser Karte ist, dass sie im ersten Jahr kostenfrei ist und zugleich mit richtig guten Zusatzleistungen aufwartet. Neben einem Priority-Check-in und Fastlane-Nutzung bei Eurowings-Flügen sind zudem eine Auslandsreisekranken- sowie Reiserücktritts- und Reiseabbruchversicherung enthalten. Zusätzlich enthält die Karte eine Mietwagenvollkaskoversicherung und ist damit die einzige Karte, die dies – im ersten Jahr – kostenlos beinhaltet. Erst ab dem zweiten Jahr würden 99 € Jahresgebühr fällig werden. Da die Leistungen sich häufig ändern, solltest du auch hier wieder unbedingt einen Blick in die Versicherungsbedingungen werfen, um dir Gewissheit zu verschaffen, dass die Versicherung auch im Schadensfall leistet. Die Versicherungsbedingungen geben Auskunft über die aktuellen Bedingungen, unter denen die Versicherung greift, und mögliche Selbstbeteiligungen. So reicht bei der Auslandsreisekrankenversicherung der Besitz der Karte zum Buchungs- und Reisezeitraum aus, wohingegen für die Mietwagenvollkaskoversicherung der komplette Rechnungsbetrag auch mit der Kreditkarte beglichen werden muss (Barclays Bank Ireland PLC, 2022).[14]

Zudem kannst du mit der Karte im Ausland kostenlos Bargeld abheben. In der Vergangenheit gab es für die recht neue Kreditkarte immerhin 5.000 Prämienmeilen. Zu beachten ist, dass die Karte von Barclays herausgegeben wird. Solltest du beispielsweise die Barclays Visa haben, wärst du gemäß der Definition kein Neukunde und könntest die Kreditkarte im ersten Jahr nicht kostenlos ausprobieren.

Miles & More MyFlex Credit Card

Falls du mit dem Meilensammeln auf den Geschmack gekommen bist, gibt es seit Kurzem mit der MyFlex Credit Card die Möglichkeit, dauerhaft kostenlos eine Meile je 2 € Umsatz zu erhalten. Der Rechnungsausgleich ist hier ausschließlich manuell per Überweisung möglich.

Trade Republic Card

Als Letztes habe ich noch eine in verschiedener Hinsicht besondere Karte für dich. Bei der Karte vom Depotanbieter Trade Republic handelt es sich um eine Debitkarte, die nur im Guthaben geführt werden kann. Das Guthaben auf dem Verrechnungskonto wird aktuell mit 3,25 % verzinst und regelmäßig an den aktuellen EZB-Zinssatz angepasst, außerdem erhältst du auf alle Ausgaben, die du tätigst, ein sogenanntes Saveback in Höhe von 1 %. Einzige Bedingung ist, dass du einen monatlichen ETF-Sparplan in Höhe von 50 € ausführst. Was genau die EZB, ein Depot und ein ETF sind, werden wir detailliert im dritten Teil des Buches behandeln.

Daher lass mich an dieser Stelle nur anfügen, dass dein gesammeltes Saveback anders als beim Cashback nicht direkt ausgezahlt werden kann, sondern zusammen mit deinem Sparplan monatlich investiert wird. Hast du beispielweise 600 € mit deiner Karte in einem Monat ausgegeben, so erhöht sich dein investierter Betrag um 6 € auf 56 € für diesen Monat. Maximal sind 15 € Saveback pro Monat möglich. In der Vergangenheit gab es schon häufiger ähnliche Angebote von anderen Anbietern. Die Zeit wird zeigen, ob es sich nur um ein vorrübergehendes Produkt handelt oder ob das Angebot dauerhaft am Markt bestehen kann, weshalb ich diese Karte zuletzt aufgeführt habe. Die Karte wird in drei Ausführungen angeboten. Ich empfehle die kostenlose digitale Variante, in der du bequem per Handy vor Ort bezahlen kannst oder für die Onlinekäufe deine Kreditkartendaten in der App einsehen kannst. Für den Auslandseinsatz fallen keine Gebühren an.

Fazit

Im zurückliegenden Kapitel habe ich dir acht Kreditkarten vorgestellt, von denen sechs dauerhaft und bedingungslos kostenlos sind. Es kommt auf dein individuelles Nutzungsverhalten an, wie viele und welche Kreditkarten für dich optimal sind.

Geht es dir alleine um die Möglichkeit des zusätzlichen Sparens, bietet dir die Trade Republic mit dem Saveback in Höhe von 1 % den höchsten Mehrwert. Mit einer Kreditkarte von American Express erhältst du nicht nur Cashback zwischen 0,3 und 0,5 %, sondern auch den Zugang zu Offers, durch die sich auf einzelne Transaktionen 10 % oder mehr realisieren lassen. Möchtest du hingegen für einen Prämienflug sammeln, sind sowohl die Eurowings Premium als auch die Miles & More MyFlex Credit Card interessant. Hierbei solltest du jedoch beachten, dass gesammelte Meilen nach drei Jahren verfallen.

Auch eine Kreditkarte, die einen Versicherungsschutz beinhaltet, kann für dich Sinn ergeben. Wenn du gerne reist, lohnt sich eine Karte, mit der du weltweit kostenlos an Bargeld kommst und/oder ohne Fremdwährungen zahlen kannst. Um, wie im zweiten Teil des Buches beschrieben, Einsparungen in signifikanter Höhe zu realisieren, ist eine Kreditkarte teilweise zwingend notwendig. Noch mehr profitierst du, wenn du eine Kreditkarte ohne Fremdwährungsgebühren hast.

Wie der Pyramide zu Beginn des ersten Teils bereits zu entnehmen war, sind durch Kreditkarten die geringsten Einsparungen beim Reduzieren des Effektivpreises möglich. Im Gegenzug lassen sie sich fast überall einsetzen, wie beispielsweise beim Wocheneinkauf, bei Kino- oder Restaurantbesuchen. Auf die Lebenszeit hochskaliert und abhängig von der individuellen Umsatzhöhe und Verwendung des Cashbacks beziehungsweise Savebacks sind durch die „richtige“ Kreditkarte Einsparungen im vier- bis fünfstelligen Bereich möglich. Lass mich dir kurz an zwei Beispielen verdeutlichen, was eine Ersparnis in Höhe von 0,5 % oder 1 % auf alle Kreditkartenumsätze langfristig ausmacht.

Die 20-jährige Lisa fängt nach dem Lesen dieses Buches hochmotiviert damit an, ihre Ausgaben zu optimieren. Sie zahlt fortan – wann immer es möglich ist – mit ihrer Kreditkarte. Sie bezahlt Modeeinkäufe, Wocheneinkäufe, das Tanken, Restaurant- und Kinobesuche und sogar ihre Urlaubsbuchung mit der Kreditkarte. In jungen Jahren werden die Ausgaben geringer sein als in späteren Jahren mit zunehmenden Gehaltserhöhungen und gestiegenem Lebensstandard. Gehen wir der Einfachheit halber davon aus, dass

Lisa bis zu ihrem 85. Lebensjahr im Durchschnitt 300 € pro Monat mit der Kreditkarte bezahlen wird. Pro Jahr sind das 3.600 € und für die nächsten 65 Jahre dementsprechend 234.000 € an Umsatz. Legen wir die 0,5 % zugrunde, hat sie durch Ausgaben, die sie ohnehin getätigt hätte, 1.170 € zusätzlich gespart.

Max hingegen ist 30 Jahre und mit seinem Medizinstudium fertig. Er nutzt fast ausschließlich die Trade Republic Card mit 1 % Saveback. Als Hauptzahler einer dreiköpfigen Familie gibt er monatlich im Schnitt 1.000 € aus, und das bis zu seinem 85. Lebensjahr. Außerdem erhält er pro Jahr über die Nutzung von American Express Offers 100 € zurück. Für seine Ausgaben von insgesamt 660.000 € erhält er so 6.600 € + 5.500 € für eingelöste Offers. In Summe spart er sich durch seine Kreditkarteneinsätze zusätzliche 12.100 €.

7. Ausblick

Die bisherigen Beispiele bezogen sich mehrheitlich auf den Kauf von Konsumgütern. Selbstverständlich kannst du dein Know-how aber nun auch auf andere Bereiche übertragen. Genau wie Gutscheinguthaben für Onlineshops lassen sich auch Geschenkgutscheine für die Deutsche Bahn, Flixbus oder Airbnb mit einem Bonus oder Rabatt erwerben, sodass du durch gutes Timing deine nächste Reise allein durch diesen Baustein um 8 bis 10 % vergünstigen kannst. Cashback- und Bonussysteme für den eigentlichen Buchungsprozess kommen dann noch dazu. Auch der Preis von Musical- oder Konzerttickets bei Stage-Entertainment oder Eventim lässt sich so reduzieren.

Darüber hinaus kannst du bei der Buchung des nächsten Urlaubs auf dein erlerntes Wissen zurückgreifen. Onlinereisebüros wie *weg.de* oder *holidaycheck.de* vergleichen Preise von Pauschalreisen mehrerer Anbieter miteinander – leider jedoch nicht so transparent wie *idealo.de*. Der Preis kann von Portal zu Portal stark schwanken, weshalb es sich lohnt, dein geplantes Reiseziel bei mehreren Onlinereisebüros durch die Suche laufen zu lassen. Sowohl Onlinereisebüros als auch Reiseveranstalter, wie zum Beispiel alltours, TUI oder FTI, bieten fast durchgängig Rabattgutscheine an und nehmen an den gängigen Bonus- und Cashbacksystemen teil. Hier kommt es auf den Einzelfall an, ob die Buchung beim Reiseveranstalter oder über ein Online-Reisebüro jeweils inklusive Rabattgutschein und Cashback für dich die günstigere Variante ist.

Auch für Reisende, die einen Urlaub „auf eigene Faust“ dem Pauschaltourismus vorziehen, hält das Internet attraktives Sparpotenzial bereit. Auf der Seite *checkfelix.com* oder bei Google über den Reiter „Flüge“ kannst du die Flugpreise verschiedener Airlines miteinander vergleichen. Genau wie bei der Pauschalreise solltest du vor der Buchung jedoch überprüfen, ob eine direkte Buchung bei der günstigsten Airline nicht besser für dich ist. Insbesondere bei Gepäck, das hinzugebucht wird, ist die Buchung auf der Plattform der Airline häufig die günstigere Wahl.

Für den Preisvergleich bei Hotels bietet sich die Seite *trivago.de* an. Die Suche wirft dir zuverlässig den besten Preis für dein gewähltes Hotel an deinem Reiseziel aus. Ähnlich wie beim Pauschaltourismus kann es im Einzelfall sinnvoll sein, über die Hotelhomepage direkt zu buchen. Manche Hotels bieten eine kostenlose Anmeldung im hoteleigenen Kundenbindungsprogramm, das dir einen weiteren Rabatt gewährt, oder ermöglichen Serviceleistungen wie beispielsweise einen Late-Check-out oder ein kostenloses Frühstück.

Für all diejenigen, die eine Ferienwohnung einem Hotelaufenthalt vorziehen, habe ich noch einen Tipp. Bei den Buchungsportalen *fewo-direkt.de* und *booking.com* gibt es die Möglichkeit, Cashback- oder Payback-Punkte zu sammeln. Bei Booking kannst du neben Hotels gezielt nach Ferienwohnungen suchen. Wähle nach der Eingabe deines Reiseziels und -zeitraums auf der linken Seite unter dem Reiter „Unterkunftstyp" den Punkt „Ferienwohnungen" aus. Das Kundenbindungsprogramm von Booking gewährt zudem relativ schnell sogenannte Genius-Rabatte in Höhe von 10 bis 15 %. Erneut lohnt sich ein Vergleich zwischen den Portalen bei der Suche nach Ferienwohnungen. So habe ich dieselbe Ferienwohnung zur selben Reisezeit auf verschiedenen Portalen teilweise mit Preisunterschieden von 15 % gesehen.

Auch beim Wocheneinkauf lässt sich ordentlich Geld sparen. Insbesondere beim Kauf von Markenartikeln lohnt sich eine Bevorratung des Artikels, wenn dieser im Angebot ist. In der kostenlosen App *„Kaufda"* kannst du gezielt nach Artikeln suchen. Diese zeigt dir dann an, in welchem Geschäft es diesen gerade am günstigsten gibt.

Zum Abschluss des ersten Teils dieses Buches möchte ich noch den Zeitungs- und Zeitschriftenlesern eine Möglichkeit zum Sparen aufzeigen. Über den Anbieter *readly.com* kannst du aus einem Angebot von über 7.500 Zeitschriften und Zeitungen wählen. Genau wie bei Spotify oder Netflix gewährt dir eine Flatrate über ein monatlich kündbares Abo den vollen Zugriff auf das gesamte Angebot. Via Browser oder App kannst du deinen Wissensdurst zu einem monatlichen Preis von 14,99 € stillen. Für Neukunden gibt es regelmäßig die Möglichkeit, das Angebot für einen Zeitraum von zwei bis drei Monaten kostenlos oder zu einem geringen Preis zu testen.

Wer lieber eine gedruckte Zeitung liest oder sein gewünschtes Medium bei Readly nicht findet, kann sich auf der Seite *abo24.de* den besten Preis seiner Wunschlektüre anzeigen lassen. Dort kannst du wählen, ob es die gedruckte oder die E-Paper-Variante einer Zeitung sein soll. Abo24 zeigt dir an, bei welchem Anbieter es die beste Prämie für dein Abonnement gibt.

Teil 2:
Fixkosten reduzieren und Leistung verbessern

„Lieber eine Stunde über Geld nachdenken als eine Stunde für Geld arbeiten.“

JOHN D. ROCKEFELLER, AMERIKANISCHER UNTERNEHMER (1839 – 1937)

Die meisten Menschen versuchen, wenn sie mehr Geld zu Verfügung haben wollen, ihre Einkommensseite zu erhöhen. Durch eine bessere berufliche Qualifikation oder eine Erhöhung der Arbeitszeit können sie ein höheres Gehalt bekommen. Dies ist ein guter und richtiger Weg, leider wird jedoch häufig die zweite Möglichkeit komplett vergessen: nämlich seine Ausgabenseite zu reduzieren. Genau an dieser Stelle wird der Grundstein zu deiner Vermögensbildung gelegt. Indem du konsequent deine wiederkehrenden Ausgaben optimierst, kannst du leicht einen sechsstelligen Betrag – hochgerechnet auf deine Lebenszeit – einsparen.

Die Gründe, warum viele Menschen ihre Ausgaben nicht optimieren, sind vielfältig. Einige geben an, sich nicht gut genug mit den einzelnen Ausgabenpositionen auszukennen, andere haben keinen Spaß daran oder empfinden es als Arbeit. Wieder andere befürchten, dass mit Einsparungen auch Leistungseinbußen einhergehen müssen. Dass dies nicht so ist und häufig sogar eine bessere als die bisherige Leistung zu einem günstigeren Preis möglich ist, möchte ich dir in diesem Teil des Buches zeigen.

Während wir uns im ersten Teil fast ausschließlich um die Konsumausgaben gekümmert haben, wird es jetzt darum gehen, deine monatlichen Fixkosten zu überprüfen. Das sind Kosten, die in derselben Höhe regelmäßig, zum Beispiel monatlich oder im Quartal anfallen. Fixkosten fallen unabhängig von der Nutzung an. Egal wie viele Stunden du im Internet verbringst, die monatliche Abbuchung deines Internetproviders ist dieselbe.

Leider gibt es einige Fixkosten, bei denen wir nicht ohne Weiteres die Preisschraube ansetzen können. Dazu zählen beispielsweise die vierteljährliche Abbuchung des Rundfunkbeitrags oder die monatlichen Miet- oder Darlehenskosten für das Wohnen. Selbstverständlich könntest du in eine kleinere Wohnung oder in eine günstigere Gegend ziehen, jedoch hängt hier das Einsparpotenzial von den individuellen Präferenzen ab. Daher beschäftigen wir uns mit den regelmäßigen Kosten, die bei (fast) allen Menschen anfallen.

Die eine Stunde in der Woche, in der du über dein Einsparpotenzial nachdenkst und dieses optimierst, wird für dich besser investierte Zeit sein, als wenn du in dieser Zeit eine Überstunde auf der Arbeit machst. Denn während du auf deine Überstunde noch Steuern und Sozialabgaben zahlen müsstest, erhöht deine erzielte Ersparnis sofort und in voller Höhe dein zur Verfügung stehendes Vermögen.

Der Schlüssel dazu ist häufig, aber nicht immer, das regelmäßige Kündigen und Wechseln von Verträgen. Bestandskunden erhalten immer schlechtere Konditionen als Neukunden. Bestimmt hast auch du schon einmal einen Vertrag gekündigt und daraufhin einen Anruf, einen Brief oder eine E-Mail bekommen, womit versucht wurde, dich zu besseren Konditionen zu halten. Niemand hätte dich angerufen, wenn du deinen Vertrag ungekündigt gelassen hättest, und dir als Bestandskunde einen günstigeren Preis angeboten. Hinzu kommt, dass selbst die Kundenrückgewinnungsangebote selten so gut sind wie die, welche du als echter Neukunde erhältst. Daran haben auch die teilweise hohen Cashbackprämien ihren Anteil, die du in diesem Kapitel noch einmal von einer neuen Seite kennenlernen wirst.

Wie du der Pyramide auf der Folgeseite entnehmen kannst, werden die Einsparungen, die du realisieren kannst, tendenziell immer größer. Die beiden Positionen Girokonto- und Streamingdienste (oben) müssen in der Regel nur einmalig angepasst werden, um dauerhaft zu Einsparungen zu führen. Die Positionen Handy- und Internetvertrag (Mitte) können alle zwei Jahre nach der Mindestvertragslaufzeit optimiert werden. Bei der Kfz-Versicherung und beim Stromvertrag (unten) gibt es nur eine einjährige Mindestvertragslaufzeit, weshalb du diese jedes Jahr optimieren kannst.

Sparpotenziale der Fixkosten nach Höhe der monatlichen Einsparung. Eigene Darstellung.

1. Girokonto

Nach einer Erhebung von Stiftung Warentest im Jahr 2024 betragen die durchschnittlichen Jahreskosten für ein Girokonto 117 € pro Person.[15] Insbesondere in den letzten Jahren sind die Preise für Girokonten stark angestiegen und beziehen sich in erster Linie auf Filialbanken.[16] Dass so viele Menschen im Durchschnitt 10 € pro Monat für eine Dienstleistung ausgeben, obwohl es mindestens genauso viele Anbieter kostenloser Girokonten gibt, wie es sie auch für kostenlose Kreditkarten gibt, verwundert.

Falls du bereits ein dauerhaft kostenloses Girokonto besitzt, kannst du entweder direkt weiter zum nächsten Kapitel springen oder schauen, ob für dich ein Girokonto infrage kommt, das dir bei ebenfalls kostenloser Kontoführung bessere Leistungen bietet. Solange du zur Schule gehst, eine Ausbildung absolvierst oder studierst, ist das Girokonto unter Vorlage des jeweiligen Nachweises fast überall bis zu einem bestimmten Alter kostenlos.

Aus mehreren Gründen werde ich in diesem Kapitel keine Filialbanken behandeln. Zum einen weißt du aus dem Kapitel „Kreditkarten" bereits um die Möglichkeit, dich weltweit an fast allen Automaten mit Bargeld zu versorgen, ohne dafür Gebühren zu entrichten. Damit fällt ein riesiger Vorteil der Filialbanken weg, den diese lange Jahre für sich beansprucht haben. Kommen wir nun zum vielgepriesenen Vorteil der „Beratung" bei Banken. Das Wort Beratung habe ich bewusst in Anführungszeichen gesetzt, weil die Bankberater gar nicht richtig beraten können, da sie häufig nur die überteuerten Produkte aus dem hauseigenen Portfolio anbieten können. Meist kennen sie auch gerade einmal diese und haben gar keine Marktübersicht über die Angebote anderer Anbieter. Selbst wenn sie gut informiert sind, könnten sie zu hausfremden Angeboten schließlich nicht beraten, weil sie nur für den Verkauf der eigenen Produkte Provisionen erhalten oder damit ihre Ziele erreichen.

Ziel dieses Buches ist es, dass DU der Experte für deine Finanzen wirst. Niemand kennt sich besser mit deinen Wünschen, Zielen und Bedürfnissen aus als du selbst, weshalb du auf die oberflächliche Beratung von Filialbanken verzichten solltest. Als letzten Punkt möchte ich noch das Argument „Service" entkräften, bei dem häufig die Flagge für Filialbanken hochgehalten wird. Aus meiner Tätigkeit als gelernter Bankkaufmann kann ich berichten, dass in der Filialbank vieles umständlicher lief und für viele Änderungen eine Unterschrift nötig war und ein Telefonanruf eben nicht ausreichte. Bei Onlinebanken ist der Funktionsumfang im Onlinebanking deutlich größer und du kannst viel mehr Änderungen selbst vornehmen und per sicherem TAN-Verfahren (Akronym für Transaktionsnummer) als Alternative zur Unterschrift autorisieren.

Gängige TAN-Verfahren sind heutzutage das SMS- und noch moderner das Push-TAN-Verfahren. Bei beiden bekommst du vor wichtigen Änderungen an oder bei Überweisungen von deinem Konto eine Nachricht mit einem 6-stelligen Code auf dein vorher autorisiertes und freigeschaltetes Smartphone gesendet. Dieser Code ist deine digitale Unterschrift. Erst nach Eingabe dieses Codes wird die Änderung wirksam oder die Überweisung ausgelöst. Ohne deine Zugangsdaten für das Onlinebanking und ohne dein Smartphone kann also niemand auf dein Bankkonto zugreifen. Beim Push-TAN-Verfahren ist als zusätzliches Sicherheitsmerkmal noch eine Anmeldung in der dafür vorgesehenen App notwendig. Falls du im Onlinebanking mit einer Einstellung oder Freigabe nicht weiterkommst, kannst du mithilfe deines Telefonkennwortes beziehungsweise deiner Telefon-PIN auch bei deiner Bank anrufen und Änderungen vornehmen lassen.

Gleichzeitig muss man den großen Filialbanken zugutehalten, dass sie sich in diesem Bereich in den letzten Jahren ebenfalls weiterentwickelt haben. Beim Vergleich von Girokonten gilt es zunächst zu beachten, ob diese bedingungslos kostenlos sind oder an Bedingungen geknüpft sind. Bei den Bedingungen wird zwischen Gehaltseingängen, also Zahlungen von einem Arbeitgeber, und

Geldeingängen unterschieden. Zu Letzteren zählen auch Unterhaltszahlungen der Eltern oder Eigenüberweisungen. Comdirect, Consorsbank, ING, DKB und die 1822 mit ihrem Kontomodell Klassik bieten dir ab einem Geldeingang von 700 € ein kostenloses Konto. Bei der Norisbank ist die Kontoführung ab 500 € kostenlos. Komplett und ohne Bedingungen kostenlos sind das C24-Konto vom Vergleichsportal Check24 und das Standardkonto des Start-ups N26.

Du siehst also, dass es genug Auswahl für kostenlose Girokonten gibt, obwohl sich die Anzahl der Anbieter durch die jahrelang anhaltende Niedrigzinsphase der letzten Jahre verringert hat.

Als weiteres Kriterium für die Wahl deines Girokontos könntest du noch den Dispozins heranziehen. Das ist der Zins, den du zahlen musst, wenn du dein Konto im vereinbarten Rahmen überziehst. Hier gibt es Unterschiede von teilweise mehr als 8 % zwischen den Banken. Da die Dispozinssätze großen Schwankungen unterliegen und regelmäßig von den Banken angepasst werden, ergibt eine nähere Betrachtung im Rahmen dieses Buches keinen Sinn. Dennoch solltest du dieses Kriterium nicht außer Acht lassen, da Kontoüberziehungen zwar nicht wünschens- oder erstrebenswert sind, es aber dennoch Situationen geben kann, in denen das Konto kurzfristig überzogen werden muss.

Tipp: Banken unterscheiden zwischen zwei Arten von Kontoüberziehungen. Hast du bei deiner Bank einen kostenlosen Dispokredit (kurz Dispo) vereinbart, also einen Rahmen, in dem du dein Konto überziehen darfst, so wird dein Konto mit dem Dispokreditzins negativ verzinst.

Falls du dein Konto ohne vorherige Absprache überziehst, schlägt der noch einmal teurere Überziehungszins zu Buche. Außerdem kann es vorkommen, dass bei fehlender Kontodeckung (inklusive eingeräumten Dispo) Abbuchungen wie die deines Handyvertrags nicht eingelöst werden. Für deinen Netzanbieter entstehen Kosten für die nicht eingelöste Lastschrift, die dieser wiederum an dich weiterreicht und in der Regel noch ein Bearbeitungsentgelt aufschlägt. Eine nicht eingelöste Lastschrift kann dich so zwischen 5 und 10 € kosten.

Deshalb solltest du in „guten Zeiten" einen Dispokredit in 2,5- bis 3-facher Höhe deines monatlichen Nettoeinkommens mit deiner Bank vereinbaren. Für den Fall, dass einmal alles zusammenkommt und Kühlschrank, Waschmaschine und Auto gleichzeitig kaputtgehen, bist du so gewappnet und musst dich nicht noch um einen Dispokredit bei der Bank kümmern.

Der Grund, warum viele Menschen vor einem Girokontowechsel zurückschrecken, ist der vermeintliche Aufwand, den dieser mit sich bringt. Genau deswegen bieten fast alle Banken inzwischen einen Kontowechselservice an, bei dem alle Unternehmen, die Lastschriften vom alten Konto einlösen, durch die Bank über den Wechsel der Kontoverbindung informiert werden. Auch Daueraufträge werden teilweise automatisch übernommen. Selbst wenn Letztere manuell durch den Kunden übertragen werden müssen, lohnt es sich, einmalig ein paar Minuten zu investieren, wenn dafür dauerhaft etwaige Kontoführungsgebühren wegfallen. Auch die Kündigung deines alten Girokontos übernimmt die neue Bank häufig für dich. Falls nicht, findest du in der Endnote eine kostenlose Vorlage, die du auf deine Bedürfnisse anpassen und deiner Bank unterschrieben zukommen lassen kannst.[17] Diese kannst du auch für alle anderen Verträge, die du kündigen möchtest, verwenden.

Tipp: Eine Kündigung muss in aller Regel unterschrieben sein. Lediglich beim Kündigen von Zeitungsabonnements u. Ä. reicht das Schreiben einer E-Mail aus. Allerdings kannst du dir auch bei allen anderen Kündigungen die Portogebühren für den Briefversand sparen, indem du die Kündigung als unterschriebene PDF-Datei an deine Vertragspartner per Mail versendest.

Mit dem kostenlosen Programm „Nitro PDF Reader“ kannst du deine Unterschrift digital hinterlegen und direkt auf deine PDF-Dateien ziehen. So sparst du dir nicht nur den Umweg über das Ausdrucken, Unterschreiben und Wiedereinscannen von Kündigungen und somit Papier, Tinte und Zeit, sondern du tust auch noch etwas für die Umwelt.

Unabhängig davon, für welche Bank du dich entscheidest, solltest du nie mehr als 100.000 € an Einlagen insgesamt auf deinen Giro-, Tagesgeld- und Sparkonten bei einer einzigen Bank haben. Denn bis zu dieser Grenze greift der deutsche Einlagensicherungsfonds, an den alle in Deutschland ansässigen Banken gesetzlich angeschlossen sind.[18]

Auch bei Girokonten wird, ähnlich wie bei Kreditkarten, um Neukunden mit attraktiven Prämien geworben. Je nach Bank und je nach Aktion sind hier 150 € und mehr drin, denn auch für die Eröffnung von Bankkonten wird häufig Cashback gezahlt. Wenn du das Konto als dein Hauptkonto nutzen möchtest, sind die Bedingungen meist leicht zu erfüllen. Sie variieren von Mindestgeld- oder Gehaltseingängen bis hin zu einer bestimmten Anzahl an Kontobewegungen in Form von Überweisungen oder Lastschriften. Beachte bitte auch bei Girokontoprämien die im Kreditkartenkapitel 1.6 näher beschriebene steuerliche Freigrenze in Höhe von 256 € pro Jahr.

Zum Ende des Kapitels möchte ich dir am Beispiel des 20-jährigen Amir verdeutlichen, wie viel Geld sich durch den Wechsel auf ein kostenloses Girokonto sparen lässt. Amir hat nach dem Abschluss seiner Ausbildung bei seiner jahrelangen Hausbank *10 €* pro Monat gezahlt. Durch den Wechsel zu einem kostenlosen Girokonto spart er fortan 120 € im Jahr.

2. Streamingdienste

Streamingdienste haben in den letzten Jahren großen Zulauf erfahren. Ganz gleich, ob Musik- oder Videostreaming, beide Ausprägungen funktionieren ähnlich. Für eine fixe monatliche Gebühr können ohne Begrenzung und zu jeder Zeit alle Inhalte gestreamt oder temporär auf mobile Geräte heruntergeladen werden. Der größte Unterschied liegt darin, dass es im Musikstreaming fast keine Exklusivinhalte gibt und daher ein Abonnement bei einem Anbieter ausreicht, während beim Videostreaming mit einem Anbieter nicht alle verfügbaren Filme oder Serien angesehen werden können. Dennoch gibt es für beides Einsparmöglichkeiten von weit über 50 %, die wir uns nun im Detail vornehmen.

Musikstreaming

Zum Glück für uns Konsumenten herrscht im Musikstreaming-Bereich ein großer Wettbewerb. Zu den bekanntesten Anbietern zählen Spotify, Deezer, Amazon Music, Tidal, Apple Music, YouTube Music und Napster. Die monatlichen Kosten für ein werbefreies Hören betragen für Schüler und Studierende in der Regel 5 € und für alle anderen Personengruppen in etwa 11 € pro Monat.

Eine der einfachsten Möglichkeiten, Geld zu sparen, ist es, ein Familienabo abzuschließen und die Kosten für das teurere Familienabo – im Falle von Spotify 18 € – auf sechs Personen umzulegen. Jedes „Familienmitglied" zahlt so effektiv 3 €. Das Wort Familienmitglieder habe ich bewusst in Anführungszeichen gesetzt, da häufige Bedingung für den Preisvorteil des Familienabos ein Zusammenleben im selben Haushalt ist. Bisher wurde dies jedoch wenig vonseiten der Streaming-Anbieter überprüft oder war sehr leicht von Nutzerseite zu umgehen.

Ähnlich wie beim Girokonto scheuen viele Nutzer den Wechsel zu einem anderen Anbieter, weil sie fürchten, ihre gewachsenen und gepflegten Playlisten zu verlieren. Diese Furcht ist unbegründet, denn mit *tunemymusic.com*, *soundiiz.com* und *freeyourmusic.com* gibt es einige Anbieter, die dir die kostenfreie Übertragung von Playlisten verschiedener Anbieter ermöglichen. Bei *tunemymusic.com* ist eine Nutzung sogar ohne vorherige Anmeldung möglich.

Aufgrund der Wettbewerbssituation werben die Anbieter intensiv um Neukunden und lassen sich dies auch einiges kosten. Zwar nicht in Form von Prämien oder Cashback, aber durch günstige oder kostenlose Testmonate. Sowohl Spotify, Deezer, Amazon als auch Apple Music bieten Neukunden häufig die Möglichkeit, das Premiumangebot drei bis vier Monate kostenlos zu testen. Tidal hingegen bot in der Vergangenheit vier Testmonate zum Preis von insgesamt 4 € an. Durch ein geschicktes Wechseln zwischen den Anbietern wäre so eine dauerhaft kostenlose oder mit einem Preis von einem Euro eine vergleichsweise kostengünstige, dauerhafte Nutzung eines Musikstreamingdienstes möglich.

Wem der Aufwand, sich in regelmäßigen Abständen über die Angebote von Musikanbietern zu informieren, zu hoch ist, dem bietet sich die Möglichkeit, durch die Nutzung eines VPN-Anbieters dauerhaft einen günstigeren monatlichen Preis zu erzielen. VPN ist die Abkürzung für „virtuelles privates Netzwerk“. Um nicht zu technisch zu werden, reduziere ich die Nutzung eines VPN auf den für uns relevanten Teil. Mittels eines kostenlosen VPN-Anbieters wie *hide.me*, *seed4.me* oder dem Chrome Add-on *Hola* lässt sich suggerieren, dass sich dein PC, Tablet oder Smartphone nicht in Deutschland, sondern beispielsweise in Indien, der Türkei oder in Brasilien befindet. Dadurch wird es möglich, beispielsweise ein Spotify-Abo in Brasilien abzuschließen. Aufgrund des geringeren Lohnniveaus dort liegt der Preis, den Spotify aufruft, deutlich unter dem eines deutschen Spotify-Abos. Das Gute ist, dass der VPN-Anbieter nur einmalig zum Abschluss des Abonnements benötigt wird. Im Anschluss kannst du wie bisher das deutsche Angebot von

Spotify in Anspruch nehmen. Dadurch kostet ein Familienjahresabo nicht mehr 216 €, sondern 58,14 €.[19] Die Kosten pro Person reduzieren sich dadurch auf 81 Cent pro Monat (58,14 € / 6 Familienmitglieder / 12 Monate). Das entspricht einer Ersparnis von 73 %.

Es ergibt keinen Sinn, an dieser Stelle einen detaillierten Ablauf niederzuschreiben, da dieser bei Erscheinen des Buches vermutlich nicht mehr aktuell und somit umsetzbar ist. Dafür möchte ich auf das Schnäppchen-Portal mydealz verweisen. Gib bei Interesse die Suchbegriffe „mydealz", „VPN" und die Namen einiger Streaming-Anbieter wie beispielsweise „Spotify" in deine Suchmaschine ein. Such dir eines der neuesten Suchergebnisse aus. Solange der Deal nicht in Grau erscheint, ist er aktiv und kann von dir verwendet werden. In der Beschreibung hat ein findiger Nutzer in der Regel eine Schritt-für-Schritt-Anleitung erstellt, mit der du ebenfalls den günstigsten Preis erhältst. Falls du zusätzliche Hilfe benötigst, findest du diese in den bereits geschriebenen Kommentaren oder du kannst dich nach kostenloser Anmeldung ebenfalls am Austausch beteiligen.

Tipp: Das Angebot von YouTube Music ist in Deutschland nur wenigen bekannt, obwohl es neben dem preislichen auch einige funktionale Vorteile mit sich bringt.

Kommen wir zunächst zu den funktionalen: Häufig lese ich unter YouTube-Musikvideos, dass der Song leider nicht auf Spotify zu finden ist. Insbesondere bei Remixen oder unbekannteren Künstlern ist das so. Mit YouTube Music findest du alle Songs, die es auch als YouTube-Video gibt, in der Suche. Du kannst dann beim Streamen auswählen, ob dir die Audiospur genügt oder ob du zusätzlich noch das Video streamen möchtest.

Darüber hinaus erhältst du bei einem YouTube-Premium-Abo – in dem YouTube Music integriert ist – die Möglichkeit, YouTube-Videos sowohl werbefrei zu schauen als auch auf dein mobiles Endgerät herunterzuladen. Dadurch kannst du Videos auch unterwegs, wenn du keine oder nur eine schlechte Internetverbindung hast, in bester Qualität ansehen. Außerdem spart es Datenvolumen, wenn du die Videos vorab im WLAN heruntergeladen hast.

In der Vergangenheit konnte beispielsweise ein Jahr YouTube Premium mit einem VPN über Ghana für 18,96 € abgeschlossen werden.[20] Durch die Nutzung als „Familie" ließe sich der Beitrag weiter reduzieren. Zusammengefasst erhältst du mit YouTube Premium einen größeren Leistungsumfang gegenüber reinen Musikstreaming-Anbietern und zahlst dafür monatlich sogar am wenigsten.

Wie dargestellt, hast du die Möglichkeit, kostenlos beziehungsweise kostengünstig zwischen den Anbietern hin- und herzuwechseln oder dich für einen günstigen Familien-Account via VPN in einem anderen Land zu entscheiden. Da sich YouTube Premium auf bis zu vier Geräten gleichzeitig teilen lässt, ergibt sich ein effektiver monatlicher Preis von 0,40 € (18,96€ / 12 Monate / 4 Personen). Für unsere Rechnung setzen wir aus Vereinfachungsgründen einen Euro als neuen monatlichen Preis für das Musikstreaming an. Für Amir, der bisher 11 € pro Monat gezahlt hat, bedeutet das eine Ersparnis von *10 €* pro Monat beziehungsweise 120 € pro Jahr.

Videostreaming

In diesem Abschnitt werde ich mich auf das Angebot der drei größten deutschen Flatrate-Streaming-Anbieter für Filme und Serien fokussieren: Netflix, Amazon Prime Video und Disney Plus. Denn anders als im Musikstreaming versuchen sich die Anbieter im Videostreaming durch exklusive Inhalte stärker voneinander abzugrenzen. Deshalb muss sich jeder Konsument die Frage stellen, ob er wirklich alle Inhalte sehen muss und ob er oder sie mehrere Dienste zur selben Zeit benötigt. Die Konkurrenzsituation im TV-Streaming-Markt erlaubt es uns als Kunden, monatlich zu kündigen. Dabei müssen in der Regel keine Fristen eingehalten werden, sodass du selbst an deinem letzten Abrechnungstag im Onlineportal deines Streamingdienstes komfortabel kündigen kannst. Amazon Prime Video und Disney Plus bieten zusätzlich die Option eines Jahresabos zu einem etwas günstigeren Preis.

Die Präferenzen für die drei Anbieter hängen vom persönlichen Film- und Seriengeschmack ab. Zudem gibt es seit einiger Zeit bei Netflix und Disney Plus ein Basisabo, das Werbung beim Streamen beinhaltet, und ein etwas teureres werbefreies Abo-Modell. Amazon ist der einzige Anbieter, der für Studierende einen vergünstigten Preis bereithält und sogar die ersten sechs Monate kostenfrei anbietet. Auch Auszubildende können von Letzterem bei der Anmeldung profitieren.

Genau wie im Musikstreaming ist die erste und einfachste Möglichkeit, zu sparen, sich den Account mit mehreren Personen zu teilen. Bei dem oben dargestellten Preis für Netflix kann lediglich eine Person zur selben Zeit streamen. Wird stattdessen das Standard-Abo für 13,99 € gewählt, sind es bereits zwei Personen. Für 19,99 € können vier Personen gleichzeitig streamen. Anders als früher, als Netflix noch intensiv mit dem Teilen des Accounts geworben hat, ist inzwischen nur noch das Teilen mit Mitgliedern erwünscht, die im selben Haushalt leben. Bei Prime Video können bis zu drei Personen gleichzeitig streamen, während es bei Disney Plus vier verschiedene Endgeräte sein können. Häufig wird vergessen, dass es immer um das gleichzeitige Streamen geht. Je nach Fernsehgewohnheit kann es unwahrscheinlich sein, dass tatsächlich immer alle Teilnehmenden eines geteilten Accounts gleichzeitig streamen, weshalb auch ein Account-Sharing mit mehr Personen möglich ist, als die maximale Streaming-Anzahl angibt.

> **Tipp:** Du weißt bereits, welchen Film oder welche Serie du heute Abend sehen möchtest, hast aber keine Lust, alle Streaming-Anbieter einzeln zu durchsuchen? Die Seite *werstreamt.es* verrät dir, auf welchen Portalen dein gewünschtes Produkt gelistet ist und ob es in der jeweiligen Flatrate inbegriffen ist oder separat erworben werden kann.

Bevor ich dir im Folgenden ein paar Möglichkeiten zeige, wie du über das Account-Sharing hinausgehend noch etwas mehr sparen kannst, muss ich gleich vorwegnehmen, dass dies bei Prime Video leider wenig Sinn ergibt. Denn beim Abschluss von Prime Video in einem anderen Land kannst du lediglich auf das Streaming-Programm aus dem Land und in der Sprache des Landes zurückgreifen. Darüber hinaus gilt die Versandkostenfreiheit nur im gebuchten Land.

Anders ist es bei Disney Plus und Netflix. Bei den beiden Anbietern kannst du in Abhängigkeit von dem Land, in dem du dich gerade aufhältst, immer auf das Programm des Landes und das Sprachangebot zurückgreifen. Als Beispiel: Mit einem türkischen Netflix-Account kannst du bei einem Aufenthalt in Frankreich das französische Netflix-Programm in den dort verfügbaren Sprachen – also vorzugsweise französisch – anschauen. Hältst du dich mit deinem türkischen Netflix-Account in Deutschland auf, so hast du Zugriff auf das deutsche Netflix in überwiegend deutscher Sprache. Ein ukrainisches Netflix-Premium-Abo war bis vor Kurzem für 9,99 € pro Monat zu bekommen. Durch das Teilen mit drei weiteren Personen ergab sich ein monatlicher Preis von 2,50 €.[21] Das Verfahren ist identisch mit dem im vorigen Abschnitt beschriebenen beim Musikstreaming.

Auch für Disney Plus gibt es die Möglichkeit, über einen VPN-Anbieter ein Abo in der Türkei abzuschließen. Bei einem Jahresabonnement sind Kosten von umgerechnet ~ 21,44 €, also monatlich 1,78 €, fällig. Teilst du auch diesen Account, kommst du so auf effektiv 45 Cent pro Monat. Für den Fall, dass du Disney Plus nicht dauerhaft benötigst, kann es für dich Sinn ergeben, mit einem passenden Payback-E-Coupon ein Abo abzuschließen. Dort erhältst du bis zu 400 Payback-Punkte für einen Monat. Das führt zu effektiven Kosten von 5,99 € je Monat.

Amir hat vor dem Lesen dieses Kapitels Abonnements für Prime Video und Netflix gehabt und rund 14 € pro Monat dafür gezahlt. Die Zahlung für Prime hat er auf jährliche Zahlungen umgestellt (89,90 €) und sein Netflix-Abo zunächst gekündigt. Er gönnt sich den Luxus, neben einem neuen Netflix-Abo in der Ukraine zusätzlich Disney Plus abzuschließen. Beide Abos hat er mit einer Kreditkarte ohne Fremdwährungsgebühren (vgl. Kapitel 1.6) abgeschlossen. Gleichzeitig teilt er diese Abos mit Freunden und Familie. Für Prime Video zahlt er daher effektiv 2,50 € (89,90 € / 12 Monate / 3 Personen) plus in etwa 0,50 € für Disney Plus und weitere 2,50 € für Netflix. Für monatlich 5,50 € hat Amir ein größeres Streaming-Angebot als zuvor für 14 €. Durch die besseren Abo-Modelle muss er nun auch keine Werbung mehr beim Streamen schauen. Er spart dadurch monatlich aufgerundet *9 €*.

Zugegeben, in dem Beispiel sind wir vom Idealfall ausgegangen, bei dem Amir von jedem, mit dem er sein Abo teilt, auch monatlich seinen Betrag erhält. Man könnte es auch einfacher handhaben und seinen Freunden anbieten, das Abo zu teilen und sich dafür einmal im Jahr zum Kinobesuch oder Pizzaessen einladen zu lassen. Egal, wofür Amir sich entscheidet: Seine monatliche Belastung hat sich in jedem Fall signifikant reduziert, und zwar auch für den Fall, dass er Prime Video, Netflix und Disney Plus abonniert hat, ohne diese zu teilen.

Das geschilderte Vorgehen lässt sich selbstredend auch auf andere Anbieter wie ParamountPlus, AppleTV und viele andere übertragen. Einer Optimierung deines persönlichen TV-Streamings steht also nichts mehr im Wege.

Hinweis: Ist das Teilen des Accounts eigentlich legal? Und wie sieht es mit dem Abschluss eines Abos in einem anderen Land über einen VPN-Anbieter aus? Laut dem Medienrechtsanwalt Christian Solmecke macht man sich als Nutzer nicht strafbar.[22] Wer mehr Interesse an dem Sachverhalt und seiner Rechtslage hat, dem kann ich das zugehörige Video auf dem kanzleieigenen YouTube-Kanal empfehlen.[23]

3. Handyvertrag

Noch individueller als die Streaming-Gewohnheiten ist das Nutzungsverhalten bei einem Smartphone – und zwar sowohl, was das Endgerät als auch den gewählten Tarif angeht. Während einige immer das neueste Highend-Smartphone aus dem Hause Apple oder Samsung haben wollen, reichen anderen Mittelklasse-Smartphones mit einem angemesseneren Kosten-Nutzen-Verhältnis. Wie schon bei den Streaming-Deals ergibt es auch im schnelllebigen Smartphone-Markt keinen Sinn, auf konkrete Angebote einzugehen. Stattdessen möchte ich mit dir ein paar Überlegungen teilen, die du beim nächsten Handykauf berücksichtigen kannst.

Am Anfang steht die Frage: Was muss dein Smartphone können? Hier empfiehlt es sich aufzuschreiben, was die konkreten Ausstattungsmerkmale sind, die dein neues Smartphone erfüllen sollte. Das kann beispielsweise eine gute Kamera, eine hohe Akkulaufzeit, induktives Laden, ein großer Speicher oder ein leistungsstarker Prozessor sein.

Um tatsächlich die größte Ersparnis zu erzielen, empfehle ich dir, nicht gleich ein Smartphone zu kaufen, weil du es in der Werbung gesehen hast, sondern zu hinterfragen: Was genau gefällt dir an dem Smartphone? Über diesen Weg findest du heraus, welche Produkteigenschaften dir wirklich wichtig sind, und kannst diese Wunscheigenschaften auf andere Smartphones übertragen. Dadurch rücken auch Smartphones, die du nicht auf dem Radar hattest, in deinen Fokus und bieten dir unter Umständen ein besseres Preis-Leistungs-Verhältnis als jenes, das du in der Werbung gesehen hast.

Mir persönlich helfen bei der Entscheidungsfindung veröffentlichte Testberichte oder Kundenrezensionen auf Amazon. Hast du ein paar Smartphones in die engere Auswahl genommen, steht eine wichtige Entscheidung an: Kaufst du es ohne Vertragsbindung und wählst einen Prepaid-Tarif dazu oder kaufst du es über einen 24-Monats-Vertrag? In der ersten Variante durchläufst du die Schritte aus Teil 1 dieses Buches:

- Preisvergleich,
- Einsatz von Rabatt-/Geschenkgutscheinen,
- Berücksichtigung von Cashback und/oder Bonussystemen,
- nach Möglichkeit mit einer Kreditkarte mit Cashback kaufen.

Im Anschluss entscheidest du dich für einen der unzähligen Prepaid-Anbieter und wählst den für dich passenden Tarif. Genau wie bei der Auswahl eines passenden mobilen Endgerätes solltest du dich vor der Tarifwahl fragen, welche Bedürfnisse du tatsächlich hast. Häufig haben Handynutzer ein viel größeres Leistungsspektrum gebucht, als sie eigentlich benötigen, was bedeutet, dass sie für Inhalte zahlen, die sie eigentlich gar nicht brauchen. Bei den Tarifen gibt es heutzutage drei wesentliche Unterscheidungsmerkmale:

- Verschickst du noch SMS? Wenn ja, wie viele?
- Wie viel telefonierst du von deinem Handy aus?
- Welches Datenvolumen benötigst du?

In den Tarifen ohne SMS-Paket fallen häufig hohe Kosten mit 19 Cent pro SMS an. Wenn du also beispielsweise mit deinen Großeltern ab und an noch per SMS kommunizierst, kann es für dich Sinn ergeben, einen Tarif mit einem SMS-Paket zu wählen.

Auch bei der zweiten Frage kannst du deine Nutzungsstatistik der letzten Monate aus deinem Smartphone auslesen, um herauszufinden, wie häufig und wie lange du in der zurückliegenden Zeit telefoniert hast. Im Anschluss solltest du dir die Frage stellen, ob dein Nutzungsverhalten auch in der Zukunft so bleibt oder ob es sich nach oben beziehungsweise unten verändern wird. Genau wie bei den SMS gibt es die Möglichkeit, einen Tarif mit einem bestimmten zeitlichen Volumen, beispielsweise 100 Minuten, zu wählen. Alternativ kommt eine Allnet-Flat infrage, mit der du unbegrenzt in alle Mobilfunknetze telefonieren kannst. Der Anbieter Lidl connect offeriert in der kleinsten Tarifvariante 100 Einheiten, die beliebig auf SMS oder Telefonie aufgeteilt werden können.

Bei der Frage nach dem benötigten Datenvolumen hilft dir ebenfalls ein Rückblick in die letzten Monate, um dein bisheriges Nutzungsverhalten zu analysieren. Hierbei solltest du kritisch hinterfragen, ob du tatsächlich ein Datenvolumen in Höhe von 20 oder 50 Gigabyte (GB) benötigst oder ob du auch mit weniger Datenvolumen auskommst. Grund für ein niedrigeres Datenvolumen wäre ein häufiger Zugriff auf WLAN-Netze. Zu Hause wirst du vermutlich WLAN haben, bei Freunden oder Familie kannst du dich meistens problemlos in deren Netzte einwählen. Schulen, Hochschulen und sogar manche Arbeitgeber bieten zudem ein kostenfreies WLAN vor Ort an. Falls die dargestellten Möglichkeiten auf dich zutreffen, wäre das eine erste Möglichkeit, um Datenvolumen einzusparen. Musik, Podcasts, Serien oder Filme musst du auch nicht zwangsläufig unterwegs streamen, sie lassen sich vorab im WLAN heruntergeladen. Mit YouTube Premium gilt dies auch für YouTube Videos.

Vielleicht hilft dir folgende Orientierung: Für mich persönlich sind 3 GB Datenvolumen völlig ausreichend. Ich habe WLAN am Arbeitsplatz, nutze mein Smartphone als Navigationsgerät und streame ab und an über mein Datenvolumen, wenn ich vergessen habe, Musik oder einen Podcast vorab herunterzuladen.

Das Vergleichsportal Check24 bietet dir auf der Seite in der Endnote einen guten Überblick über das Angebot aktueller Prepaid-Anbieter.[24] Je nach Zeitpunkt lässt sich als Neukunde noch ein Startbonus oder etwas mehr Leistung zum Start mitnehmen. Um das herauszufinden, hilft dir eine kurze Suchmaschinenrecherche. Im Einzelfall kann auch der Einzelkauf deines Smartphones und der Abschluss eines reinen Mobilfunkvertrags ohne weitere Hardware der effektiv günstigste Weg für dich sein.

Die Alternative zum Einzelkauf mit einem Prepaid-Tarif beziehungsweise separatem Mobilfunkvertrag ist es, das gewünschte Smartphone über einen Vertrag zu erwerben. Je nach gewähltem Endgerät und Vertrag geht dies allein über eine höhere monatliche Grundgebühr oder mit einer Gerätezuzahlung zu Beginn des Vertrages. Wichtig wird es für dich sein, den Einzel- und Vertragskauf sauber miteinander zu vergleichen. Denn unser Ziel ist, den für dich besten Effektivpreis zu erzielen, also die günstigste Kombination aus Anschaffungskosten für das Endgerät und den laufenden monatlichen Kosten.

Um einen realistischen Kostenvergleich anstellen zu können, suchst du bei *idealo.de* nach dem im Vertragsangebot enthaltenen Smartphone und setzt den günstigsten (beziehungsweise historisch günstigsten) Preis als Vergleichspreis an. Subtrahierst du diesen Preis von den Vertragskosten über 24 Monate (inklusive etwaiger Anschlussgebühr und Rufnummernmitnahme), erhältst du die tatsächlichen Kosten für die gesamte Vertragslaufzeit. Diesen Betrag teilst du im Anschluss durch die 24-monatige Vertragslaufzeit. So erfährst du, was dich der Vertrag effektiv im Monat kostet.

Lass mich dir dies an einem Beispiel verdeutlichen: Du findest einen Vertrag für ein Mittelklasse-Smartphone für monatlich 12,99 €. Dieser beinhaltet eine SMS- und eine Allnet-Flat und 6 GB Datenvolumen. Für das Endgerät wird eine einmalige Zuzahlung in Höhe von 59 € fällig und für den Vertrag entstehen einmalige Anschlusskosten in Höhe von 29,99 €. 24 Monate * 12,99 € ergeben 311,76 €. Zu diesen addieren wir die einmaligen Kosten wie die Zuzahlung (59 €) und die Anschlusskosten (29,99 €) und erhalten so 400,75 €. Über *cashbacksvergleichen.de* haben wir herausgefunden, dass für den Vertragsabschluss 30 € Cashback gezahlt werden, die wir demnach von den 400,75 € subtrahieren. Die effektiven Kosten betragen nun 375,75 €. Bei der idealo-Recherche erfahren wir, dass der günstigste Vergleichspreis (unter Berücksichtigung von Cashback) für das Smartphone bei 280 € liegt.

Subtrahieren wir den Vergleichspreis von unseren ermittelten Vertragskosten, kommen wir auf effektive Kosten in Höhe von 95,75 €. Aufgeteilt auf 24 Monate ergibt dies effektiv 3,99 € monatlich. Ein vergleichbarer Prepaid-Tarif oder Einzelvertrag mit denselben Leistungen ist vermutlich nicht unter 7,99 € zu erhalten, sodass du durch den Vertragskauf 4 € pro Monat beziehungsweise 96 € über die zweijährige Vertragslaufzeit sparst.

Das Schwierige daran ist, dass es bei Vertragsangeboten richtig gute Angebote gibt, aber genauso auch richtig schlechte, bei denen der Kunde zu viel zahlt. Als Faustregel gilt, dass ein Onlinevertragsabschluss mit Smartphone für dich in der überwiegenden Mehrzahl aller Fälle günstiger ist als ein Vertragsabschluss in einem Mobilfunkgeschäft oder im Elektrofachhandel. Denn während beim Lokalkauf der Mitarbeiter und das Geschäft ebenfalls mitfinanziert werden müssen, fallen diese Kosten beim Onlinevertragsabschluss nicht an und du kannst sogar noch etwas Cashback erhalten. Darüber hinaus kann beim Verkäufer ein Interessenskonflikt vorliegen, da er dir vorzugsweise die Verträge anbieten wird, bei denen seine Provision am größten ist, und nicht die, die zu deinen ermittelten Bedürfnissen an einen Vertrag (Datenvolumen, Allnet-Flat etc.) am besten passen.

Selbst wenn es sich um eine integre Beraterin handelt, kann sie – wie schon der Bankberater (vgl. Kapitel 2.1) – dennoch nur zu Produkten aus dem eigenen Portfolio beraten und kennt möglicherweise die der Mitbewerber gar nicht. Keiner kennt dein Nutzungsverhalten besser als du selbst, weshalb es sich lohnt, dir durch ein wenig Internetrecherche eine größtmögliche Markttransparenz anzueignen.

Wenn du dein Wunsch-Smartphone identifiziert hast, kannst du auf einem der bekannten Vergleichsportale, wie beispielsweise Check24, nach einer passenden Vertragskombination suchen. Problematisch ist jedoch, dass auf den Vergleichsportalen nicht alle Smartphones gelistet sind. Suchst du also ein Endgerät, das etwas abseits vom Mainstream ist, empfehle ich dir, dies über den folgenden Link in der Endnote zu tun.[25] Dort siehst du von der mydealz-Community veröffentlichte und bewertete Handy-Deals. Nicht selten findest du dort sogar Angebote mit einem negativen Effektivpreis. Das sind Verträge, bei denen du durch den Vertrag das Smartphone unterhalb des günstigsten Preises bei idealo erhältst – und das inklusive der Leistungen wie Allnet-Flat und Datenvolumen aus dem Vertrag. Vor dem Abschluss solltest du auch hier überprüfen, ob du noch etwas Cashback erhalten kannst. Merke dir als Faustregel: Je flexibler du bei der Auswahl deines neuen Smartphones bist, desto größer sind die erzielbaren Einsparungen.

Tipp: Auch wenn es für dich ein teures Smartphone sein soll und du es per Direktkauf erwirbst, kann sich der Abschluss eines Vertrages inklusive zusätzlichem Endgerät für dich lohnen. Bei Ankaufsportalen wie *handyverkauf.net* kannst du dein Smartphone direkt weiterverkaufen. Verkaufst du es privat, beispielsweise über *kleinanzeigen.de* (ehemals *ebay-kleinanzeigen.de*), kannst du sogar einen noch höheren Erlös erzielen.

Falls du dich für einen Vertrag entschieden hast, solltest du diesen unbedingt zeitnah zum Ablauf der Mindestvertragslaufzeit kündigen. Denn gerade bei den Aktionstarifen verteuert sich der monatliche Beitrag häufig nach der vereinbarten Vertragslaufzeit. Aber auch für den Fall, dass der Preis gleichbleibt, bekommst du nicht automatisch das nächste Smartphone zugeschickt. Dadurch wäre dein Effektivpreis dann identisch mit dem Preis, der monatlich von deinem Konto abgebucht wird. Das gilt es selbstverständlich zu vermeiden. Stattdessen kannst du nach zwei Jahren den nächsten Super-Deal abschließen. Hier wirst du vor der Entscheidung stehen, ob du dein Smartphone weiter nutzen oder dieses durch ein neueres Modell ersetzen möchtest. Möchtest du dein

Smartphone weiter nutzen, so suchst du nach dem bekannten Muster einfach wieder einen passenden Tarif für dich heraus. Dies kann ein Vertrag inklusive Endgerät sein, das du direkt weiterverkaufst, oder du siehst dich nach einem geeigneten Prepaid-Tarif um.

Alternativ kannst du dich für einen neuen Tarif inklusive neuem Smartphone zur Selbstnutzung entscheiden. Wenn du dich für diesen Weg entscheidest, empfehle ich dir, dein altes Smartphone nicht einfach in eine Schublade zu legen und zu vergessen, sondern dieses zu Geld zu machen. Denn je früher du Technik verkaufst, desto größer ist der Restwert und somit der Geldbetrag, den du noch dafür bekommst. Bei gebrauchten Geräten ist der Privatverkauf über *kleinanzeigen.de* meist der beste Weg. Nicht selten bekommst du nach zwei Jahren noch 30 bis 50 % des Neuwertes, abhängig vom erworbenen Modell. Im oben geschilderten Fall wären dies im schlechtesten Fall 84 € (Smartphone 280 € * 30 %), was deinen effektiv gezahlten Preis nachträglich weiter reduziert.

Tipp: Wenn du dein Smartphone bei *kleinanzeigen.de* inserierst, prüfe vorab, welchen Preis andere Anbieter für ein vergleichbares Gerät verlangen und wie hoch der Neupreis bei *idealo.de* ist. Das sollte dir für deine Preissetzung eine gute Orientierung geben.

Damit du einen möglichst guten Preis für dein Handy erhältst und in den zwei Jahren maximale Freude daran hast, solltest du pfleglich damit umgehen und Geld für eine Hülle und eine Displayfolie investieren. Beides zusammen erhältst du bei *ebay.de* häufig am günstigsten für 10 bis 15 €. Dadurch schützt du dein Handy vor Kratzern und Macken und im schlimmsten Fall sogar vor der Zerstörung. Der pflegliche Umgang mit deinem Eigentum lässt sich auf alle Gegenstände wie Möbel, Kleidung etc. übertragen. Alles lässt sich besser verkaufen, wenn es gut erhalten ist.

Tipp: Häufig versucht der Anbieter beim Vertragsabschluss noch eine Handyversicherung mitzuverkaufen. Persönlich halte ich nicht viel von Versicherungen, die vor einem Schaden schützen, den ich auch aus der eigenen Tasche bezahlen könnte. Im Klartext: Geht mir mein oben genanntes Smartphone für 280 € kaputt, ist das zwar ärgerlich, aber ich könnte mir auch ohne Versicherung ein neues Smartphone leisten.

Hinzu kommt, dass es als technisches Gerät mit der Zeit an Wert verliert. Nach sechs Monaten hat es beispielsweise nur noch einen Wert von 230 € und nach weiteren sechs Monaten nur noch 180 € Restwert. Für eine abnehmende Versicherungsleistung zahle ich aber nicht nur einen monatlich gleichbleibenden Betrag von etwa 5 €, sondern habe häufig auch noch einen Selbstbehalt im Schadensfall von 10 % des Kaufpreises zum Zeitpunkt der Anschaffung. Nach zwei Jahren hättest du so 96 € an Beiträgen gezahlt für ein Smartphone, das zum Ende der Vertragslaufzeit nur noch einen Wert von rund 84 € hat. Und sind wir mal ehrlich: Wie oft hast du in der Vergangenheit dein Handy verloren oder wie oft hattest du einen Schadensfall? Deswegen meine Empfehlung: Spare dir an dieser Stelle das Geld für die Versicherung und lege es besser zur Seite. Falls doch mal ein Schaden entstehen sollte, kannst du diesen aus den eingesparten Versicherungsbeiträgen begleichen.

Kommen wir zurück zu Amir: Für seinen bisherigen Vertrag hat er monatlich 35 € inklusive eines Handys bezahlt, jedoch vergessen, diesen nach zwei Jahren zu kündigen. Nach dem dritten Jahr wechselt er nun auf den im Kapitel dargestellten Vertrag inklusive Mittelklasse-Smartphone für monatlich 13 €. Obwohl er nun ein technisch neueres Gerät hat, haben sich seine monatlichen effektiven Fixkosten durch den Vertragswechsel um 22 € reduziert.

Durch den Verkauf seines alten Smartphones erhält er noch einmalig 60 €. Würde man diese 60 € auf die 24-monatige Vertragslaufzeit umlegen, wäre das eine monatliche Ersparnis von 2,50 € und somit insgesamt ein monatlicher Betrag von *24,50 €*.

4. Internetvertrag

Für den Internetvertrag gilt dasselbe wie für den Handyvertrag. Dieser wird ebenfalls für zwei Jahre abgeschlossen und „bestraft" Bestandskunden nach der Mindestlaufzeit mit schlechteren Konditionen. Dies liegt zum einen am niedrigeren Grundpreis, den Neukunden bezahlen müssen, und zum anderen am höheren Bonus, den sie bei Vertragsabschluss erhalten. Hinzu kommt, dass du bei Neuverträgen mit Leih- oder Kaufroutern immer ein aktuelles Gerät zugeschickt bekommst, während Bestandskunden häufig noch den alten Router vom Vertragsabschluss nutzen. Diese haben oft eine niedrigere empfangbare Geschwindigkeit oder ein schlechteres WLAN-Signal.

Für die Suche nach einem neuen Internetvertrag bietet sich neben den dir bekannten Vergleichsportalen, wie Check24, Tarifcheck, Verivox etc., auch die Seite *obocom.de* an. Sie ist zwar an kein Cashbackportal angeschlossen, bietet dafür jedoch manchmal einen höheren Abschlussbonus. Hier lohnt sich ein Quervergleich, um den bestmöglichen Effektivpreis herauszuholen.

Wie bei fast allen Verträgen lässt sich durch das richtige Timing beim Vertragsabschluss noch etwas mehr sparen, wenn entweder der Anbieter, das Vergleichsportal oder der Cashbackanbieter gerade einen besonders hohen Bonus ausloben. Zu beachten ist, dass man von den Neukundenkonditionen nur profitieren kann, wenn man in den letzten sechs Monaten nicht Kunde beim gleichen Anbieter war. Bist du beispielsweise bisher bei Vodafone DSL-Vertragskunde gewesen und möchtest in den Genuss von Neukundenkonditionen kommen, musst du zu Telekom, 1&1, O2 oder einem anderen Anbieter am Markt wechseln. Im Wechselprozess kannst du dann einfach angeben, wer dein bisheriger Anbieter war, ab wann der neue Vertrag beginnen soll und ob du deine Festnetzrufnummer übertragen möchtest.

Tipp: Falls du nicht allein wohnst, kann der neue Vertrag auch auf den Namen deines Partners oder deiner Mitbewohnerin abgeschlossen werden. Bist du also bisher Vertragsnehmer bei Vodafone gewesen und der Preisvergleich ergibt, dass Vodafone das attraktivste Neukundenangebot hat, so kannst du einen neuen Vertrag auf den Namen deines Partners an derselben Adresse abschließen.

Zwei kleine Nachteile hält diese Variante bereit. Durch den neuen Vertragspartner (Freund oder Mitbewohnerin) ist keine Rufnummernmitnahme möglich. Du müsstest Familie und Freunde über den Wechsel deiner Festnetznummer informieren, falls du weiterhin Anrufe erhalten möchtest.

Außerdem werden DSL-Neuverträge immer schnellstmöglich aktiviert und nach meinem Kenntnisstand gibt es keine Möglichkeit, bei Vertragsabschluss einen Wunschtermin festzulegen. Das bedeutet für dich, dass du mit dem Abschluss des Neuvertrags so lange warten solltest, bis dein alter Vertrag fast ausgelaufen ist. Alternativ rufst du nach dem Vertragsabschluss deinen neuen Anbieter an und gibst beim Kundenservice einen Wunschtermin durch.

Bitte lies dir die genauen Bonusbedingungen beim Vertragsabschluss durch und mache dir am besten Screenshots davon. Häufige Bedingung zum Bonuserhalt ist das Zusenden der ersten Rechnung an das Vergleichsportal innerhalb der ersten sechs Monate. Notiere dir das in deinem Handykalender, der dich daran erinnert.

Nicht immer ist beim ausgewählten Vertrag ein kostenloser Internetrouter als Leih- oder Kaufgerät inkludiert. Die meisten Anbieter offerieren dir in dem Fall einen Leihrouter für einen zusätzlichen monatlichen Betrag. Von diesem Angebot ist fast immer abzuraten. Besser ist es, wenn du dir stattdessen den vom Provider vorgeschlagenen Leihrouter oder einen besseren gebraucht beschaffst.

Bei *kleinanzeigen.de* findest du zahlreiche Anbieter, die ihre gebrauchten Router, die sie nach einem Vertragswechsel nicht mehr benötigen, verkaufen.

Kommen wir nun zu unserem Beispiel. Amir hat bisher 35 € monatlich für eine 50.000er-Leitung bei der Telekom gezahlt. Das Vergleichsportal Check24 zahlt ihm 225 € als Bonus aus, wenn er sich für einen Vertrag bei Vodafone inklusive Leihrouter mit der doppelten Leistung, also einer 100.000er-Leitung, entscheidet. Für den Onlineabschluss gewährt ihm Vodafone zusätzlich ein Guthaben von 100 €. Über *cashbacksvergleichen.de* hat Amir herausgefunden, dass es ein Cashbackportal gibt, das ihm 51 € für den Abschluss eines DSL-Vodafone-Vertrags bei Check24 bezahlt. Die monatlichen Kosten für Amir betragen in den ersten sechs Monaten 19,99 € und für die restlichen 18 Monate 34,99 €. Gesamtausgaben in Höhe von 749,76 € (119,94 € + 629,82 €) stehen Boni in Höhe von 376 € (!) gegenüber. Dadurch zahlt Amir für zwei Jahre Internet weniger als die Hälfte dessen, was ein Bestandskunde zahlen würde – nämlich 373,76 € (749,76 € – 376 €). Durch den Wechsel hat er nicht nur eine bessere Leistung, sondern zahlt monatlich effektiv nur noch 15,57 €. Seine monatliche Ersparnis beträgt ~ *20 €*.

5. Kfz-Versicherung

Der eigene Geburtstag, der Geburtstag der Kinder oder Weihnachten zählen vermutlich zu den schönsten Terminen im Jahr. Mit dem 30.11. möchte ich dir ein weiteres fantastisches Datum nennen. Denn der 30.11. eines jeden Jahres ist der Stichtag, an dem die Kündigung deiner Kfz-Versicherung beim alten Versicherer eingegangen sein muss. Deswegen findet besonders im Monat November ein heißer Kampf zwischen den Anbietern von Versichrungen um Kfz-Neukunden statt. Hier wird das große Geschäft für die Versicherungen gemacht. Wer zum Versicherungsbeginn am 01.01. des neuen Jahres keine attraktiven Konditionen anbieten kann, der bekommt erst im nächsten Jahr wieder die Chance auf den Vertragsabschluss mit einer Vielzahl von Kunden.

Für uns bedeutet das, dass wir jedes Jahr durch den Vertragswechsel die Gelegenheit bekommen, mehrere hundert Euro zu sparen. Anders als beim DSL-Vertrag, wo es sich eigentlich immer lohnt, über ein Vergleichsportal (beispielsweise Check24) oder einen Vermittler (obocom) den Vertrag abzuschließen, kann es sich beim Wechsel der Kfz-Versicherung lohnen, diesen direkt beim Versicherungsanbieter abzuschließen. Das liegt daran, dass nicht nur hohes Cashback für die Weiterleitung zu Vergleichsportalen, sondern auch für die direkte Weiterleitung zu den Versicherern gezahlt wird.

Zu beachten ist außerdem, dass sich die Huk24, eine der größten und günstigsten Versicherungen, nicht bei den Vergleichsportalen listen lässt, weil sie keine Provision für die Vermittlung zahlt. Daher empfiehlt es sich, die Versicherung für dein Auto neben zwei bis drei Vergleichsportalen auch bei Huk24 einmal durchrechnen zu lassen. Dazu solltest du deinen Fahrzeugschein griffbereit haben, um mithilfe der vierstelligen Herstellernummer (HSN) und der dreistelligen Typschlüsselnummer (TSN) schnell dein Fahrzeug finden zu können.

Während der Preis bei DSL-Verträgen meist pauschal für alle Kunden identisch ist, variiert dieser beim Kfz-Versicherungsvertrag aufgrund mehrerer Paramater. Neben dem Modelltyp und der Marke sind vor allem das Alter des Fahrzeugs sowie die Fahrer, die dieses führen sollen, die avisierten Jahreskilometer, der Wohnort, der nächtliche Stellplatz sowie der Versicherungsumfang (Vollkasko/Teilkasko) des Autos von Relevanz.

Während die Kfz-Haftpflichtversicherung in Deutschland Pflicht ist, um ein Fahrzeug führen zu dürfen, hat der Versicherungsnehmer die Wahl, ob er sein Fahrzeug auch gegen Teilkaskoschäden, wie Diebstahl, Elementarschäden oder Glasbruch, beziehungsweise Vollkaskoschäden absichert. Durch Letztere ist ein Versicherungsnehmer – zusätzlich zu den Leistungen der Teilkaskoversicherung – auch gegen Vandalismus und selbst verschuldete Unfälle versichert. Die Leistungen der verschiedenen Versicherer unterscheiden sich zum Teil deutlich. Nimm dir also die Zeit und kalkuliere die Angebote in aller Ruhe durch und überleg dir dabei, ob deine bisherigen Anforderungen sich mit denen für das nächste Jahr decken. Neben dem Preis solltest du bei der Kfz-Versicherung auch auf die bisherigen Erfahrungen anderer Kunden mit dem Versicherer im Schadensfall achten. Die Vergleichsportale weisen dazu eine eigene Rubrik aus. Alternativ hilft dir eine Suche bei Trustpilot. Du solltest jedoch berücksichtigen, dass viele Personen nur etwas zum Versicherer schreiben, wenn etwas schiefgelaufen ist, während zufriedene Kunden häufig einfach gar nichts schreiben.

Es gibt etliche Details zu beachten. So kosten vier Fahrer mehr, als wenn nur zwei Personen als Fahrer für dein Auto zugelassen sind. Daneben ist zu überprüfen, ob du deine letztjährigen Jahreskilometer einfach auf das nächste Jahr übertragen kannst, oder ob du, beispielsweise durch Homeoffice, Elternzeit oder einen Jobwechsel, beruflich weniger unterwegs bist und im Sommer diesmal eine Flugreise anstelle eines längeren Roadtrips ansteht.

Tipp: Falls du dir unsicher mit den Kilometern bist, wähle erst einmal die geringere Kilometerzahl. Benötigst du mehr, kannst du deine Versicherung informieren und zahlst die Differenz nach, während zu viel gebuchte Kilometer in der Regel nicht rückvergütet werden.

Bei den meisten Versicherern ist zudem die Zulassung einer weiteren Person, die das Fahrzeug kurzfristig (zwei bis drei Wochen) führen soll, ein- bis zweimal im Jahr kostenlos möglich. Hast du mit deiner Freundin einen zweiwöchigen Roadtrip in die Toskana geplant, so könnt ihr euch beim Fahren problemlos abwechseln, wenn du deine Versicherung darüber vorab informiert hast.

Hast du deine Optionen nun auf mehreren Vergleichsportalen verglichen, so empfiehlt es sich, jetzt mithilfe von *cashbacksvergleichen.de* zu überprüfen, ob du beim Direktabschluss der Versicherung nicht einen höheren Cashbackbetrag erhalten würdest als beim Abschluss über ein Vergleichsportal. Achtung: Berücksichtige auch, ob der Versicherungsbeitrag beim Anbieter direkt derselbe ist. Manchmal werden bei Vergleichsportalen günstigere Preise angeboten als auf der eigenen Homepage.

Für den Fall, dass deine bisherige Versicherung auch nach dem Vergleich noch die günstigste ist, lohnt es sich, den Kundenservice anzurufen und freundlich nach einem Rabatt zu fragen. Durch ein paar Minuten Aufwand ist auch hier eine zusätzliche Ersparnis von 30 bis 70 € drin.

Tipp: Falls du es dir finanziell erlauben kannst, wähle bei der Zahlweise „jährlich" aus. Zahlst du den kompletten Versicherungsbetrag bei Vertragsbeginn im Januar, so sparst du dir bei vielen Anbietern bis zu 6 % im Vergleich zur monatlichen Zahlweise. Falls es dir in diesem Jahr nicht möglich sein sollte, kannst du versuchen, auf eine vierteljährliche oder halbjährliche Zahlung zu gehen, um so immerhin etwas zu sparen. Für das nächste Jahr solltest du dann darauf hin sparen, den Jahresbetrag Anfang Januar entrichten zu können.

Möglicherweise kommst du zu dem Schluss, dass du – anstatt deinen Versicherungsvertrag bis ins letzte Detail zu überprüfen – diesen einfach bei zwei Vergleichsportalen kalkulierst. Im Anschluss schließt du den Vertrag mit dem für dich besten Preis-Leistungs-Verhältnis ab.

Genau so hat es Amir gemacht: Über *cashbacksvergleichen.de* hat er überprüft, welcher Cashbackanbieter ihm für die Vergleichsportale Tarifcheck und Verivox am meisten zahlt. Beide Male ist dies der Cashbackanbieter Shopbuddies, der einmal 60 € und einmal 33,75 € zahlt. Obwohl die Cashbackrate bei Verivox geringer ist, findet er dort den für sich besten Vertrag. Für seinen zehn Jahre alten Peugeot 207 spart er bei einer geringen Fahrleistung von 12.000 km pro Jahr 125 € im Vergleich zu dem, was er zahlen müsste, wenn er bei seinem Versicherer bleiben würde. Daraus ergibt sich eine effektive monatliche Ersparnis von ~ *13 €*. Wenn Amir sich in ein paar Jahren seinen Traum von einem Audi-A5-Jahreswagen erfüllt, wird seine Ersparnis aufgrund des höheren Fahrzeugwertes noch deutlich größer ausfallen.

Hinweis: Einige Versicherer erheben ab dem 65. Lebensjahr einen Alterszuschlag, weil statistisch die Unfallhäufigkeit im Alter zunimmt. Solltest du auf die 65 Jahre zugehen, so solltest du mit dem Wechseln der Versicherungen aufhören und dich stattdessen final für einen preisstabilen Versicherer entscheiden.

6. Stromvertrag

Auch wenn du kein Auto hast, das du versichern musst, lohnt es sich dennoch, das vorangegangene Kapitel „Kfz-Versicherung“ einmal zu überfliegen. Vieles wird dir beim Thema Stromvertrag ebenfalls nützlich sein. Allerdings ist das Berechnen eines Stromvertrags deutlich schneller gemacht. Stromverträge haben in der Regel eine Mindestvertragslaufzeit von einem Jahr. Genau wie bei der Kfz-Versicherung kannst du also jedes Jahr durch einen Wechsel mehrere hundert Euro sparen. Achte beim Neuabschluss darauf, dass du nur einen Vertrag über 12 und nicht über 24 Monate abschließt. Ist für dich das Kriterium Preissicherheit wichtiger als die maximale Ersparnis, kannst du dich auch für einen Vertrag mit 24-monatiger Laufzeit entscheiden.

Zu Beginn gehst du wieder auf ein Vergleichsportal deiner Wahl und gibst dort deine Postleitzahl an. Da der Strommarkt regional unterteilt ist, bekommst du im Anschluss eine Auflistung deiner potenziellen Stromanbieter. Die zweite Angabe, die für den Stromvergleich vonnöten ist, ist die Anzahl an Kilowattstunden (kWh), die du im nächsten Jahr vermutlich verbrauchen wirst. Falls du deinen Verbrauch bereits kennst und glaubst, dass sich dieser auch im nächsten Jahr nicht verändert, kannst du einfach die Kilowattstundenanzahl aus der letzten Jahresabrechnung deines alten Anbieters übernehmen. Solltest du weniger verbrauchen, erhältst du die zu viel kalkulierten Beiträge bei der Abrechnung zurück. Ausnahme: Du hast dich für einen Pakettarif entschieden. Bei diesem zahlst du einen fixen Betrag für ein bestimmtes Paket an kWh. Weniger verbrauchte kWh werden nicht rückvergütet, mehr verbrauchte kosten hingegen mehr als der im Paket vereinbarte kWh-Preis. Einen Pakettarif solltest du also nur wählen, wenn du deinen Verbrauch sehr genau kennst. Auf den meisten Vergleichsportalen werden daher die Pakettarife erst nach aktiver Auswahl mit in den Preisvergleich aufgenommen. Falls du deinen ersten Stromvertrag abschließt und deinen Verbrauch noch nicht einschätzen kannst, bieten dir die Stromvergleichsportale eine Orientierungshilfe. Anstelle einer Angabe zu den Kilowattstunden kannst du die Personenzahl im Haushalt auswählen.

Genau wie bei der Kfz-Versicherung empfehle ich dir, den Preisvergleich auf zwei bis drei Stromvergleichsportalen durchzuführen. Im Anschluss kannst du über *cashbackvergleichen.de* überprüfen, bei welchem Vergleichsportal du das höchste Cashback erhältst. Im letzten Schritt prüfst du, wie teuer dein Vertrag wäre, wenn du ihn ohne Vergleichsportal direkt beim Anbieter abschließen würdest – natürlich inklusive Cashback.

Auch beim Stromvertrag solltest du jedoch nicht nur auf den Preis achten. Schaue dir die Kundenbewertung und die Bonusbedingungen genau an und überlege, welcher Anbieter mit welchem Vertrag am besten zu dir passt. Häufig wird zwischen einem Sofort- und einem Neukundenbonus unterschieden. Ersterer wird dir meist nach wenigen Wochen vom Anbieter auf deinem Girokonto gutgeschrieben. Letzterer wird meist nach einem vollständigen Belieferungsjahr mit deiner Jahresabrechnung verrechnet. Dabei solltest du bedenken, dass du diesen Bonus unter Umständen nicht erhältst, falls der Anbieter während des Belieferungsjahres Insolvenz anmelden muss. Du solltest zumindest um dieses Risiko wissen.

Tipp: Lies beim Vertragswechsel oder Neuabschluss zu Vertragsbeginn am besten selbst deinen Zählerstand ab und teile diesen deinem neuen und deinem alten Stromversorger mit. Das geht ganz einfach über die Homepage des Versorgers. So gehst du sicher, dass der Wechsel auch tatsächlich mit dem richtigen Zählerstand erfolgt.

Amir hat sich mit dem Thema Stromvertrag bisher nicht beschäftigt und war beim Grundversorger, den ihm sein Vermieter empfohlen hatte. Er lebt allein mit einem Jahresverbrauch von 1500 kWh und hat dafür bisher effektiv 55,48 € pro Monat bezahlt. Über Check24 findet er einen gut bewerteten, preisgünstigen Anbieter. Der Tarif für zwölf Monate beinhaltet einen Sofortbonus in Höhe von 50 € und einen Neukundenbonus nach einem Jahr Belieferung in Höhe von 15 % (= 99 €). Darin enthalten sind ein Grundpreis in Höhe von 182,40 € pro Jahr, der unabhängig vom Verbrauch, und ein Arbeitspreis mit 29 Cent/kWh, der abhängig vom Verbrauch zu entrichten ist.

Insgesamt kostet der Vertrag Amir zunächst: 1.500 kWh * 0,29 € + 182,40 € = 617,40 €. Der Vertrag garantiert Amir eine 12-monatige Preisfixierung. Das bedeutet, dass der Anbieter den Grund- und den Arbeitspreis garantiert und nur bei neu eingeführten Steuern oder staatlichen Abgaben entsprechend anpasst. Ein kurzer Check bei *cashbackvergleichen.de* gibt Amir Auskunft darüber, dass er für den Abschluss bei Check24 15 € Cashback erhält. Lässt er sich vom Cashbackportal Shopbuddies direkt zum Anbieter weiterleiten, erhält er für den identischen Vertrag hingegen 25 € Cashback.

Um seine Effektivkosten zu ermitteln, subtrahiert Amir von den Gesamtvertragskosten in Höhe von 617,40 € den Sofortbonus (50 €), den Neukundenbonus (99 €) und das Cashback (25 €) und landet so bei 443,40 €. Auf zwölf Monate aufgeteilt ergeben sich so effektive monatliche Kosten in Höhe von 36,95 €. Verglichen mit der bisherigen monatlichen Zahlung in Höhe von 55,48 € spart er somit monatlich *18,53 €* ohne Qualitätseinbußen.

Ein Wechsel des Gasanbieters läuft fast genauso ab wie der beschriebene Wechsel des Stromvertrags. Falls du mit Gas heizt, überprüf gerne, ob du dort zusätzliche Einsparpotenziale hast.

7. Ausblick

Hast du ausgerechnet, wie viel Geld Amir durch die Optimierung seiner Finanzen monatlich spart? Beim Girokonto waren es *10 €*, durch das Musikstreaming (10 €) und das Videostreaming (9 €) kamen weitere *19 €* hinzu. Durch den Handyvertrag konnte er *24,50 €* und durch den Internetvertrag *20 €* an Einsparungen realisieren. Hinzu kommen noch die *13 €* aus der Kfz-Versicherung und die *18,53 €* aus dem Stromvertrag.

Was anfangs nach kleinen Beträgen aussah, summiert sich auf insgesamt *105,03 €* pro Monat (!), also *1260,36 €* im Jahr und das – nur um es noch einmal in Erinnerung zu rufen – ohne eine schlechtere Leistung. Im Gegenteil, Amir hat eine signifikante Verbesserung einiger Leistungen (vergrößertes und werbefreies Streaming-Angebot, neueres Smartphone im Handyvertrag, höheres Datenvolumen im DSL-Vertrag). Für den 20-jährigen Amir bedeutet das, dass er bis zu seinem 85. Lebensjahr durch das konsequente Optimieren seiner Fixkosten mindestens *60.840 €* einsparen würde. Tatsächlich wird die Ersparnis leicht die 100.000-€-Marke knacken, wenn er in ein paar Jahren nicht nur seine eigenen Verträge optimiert, sondern gemeinsam mit seiner Frau auch ihre Verträge. Insbesondere beim Stromvertrag für eine 4-köpfige Familie wie auch bei der Kfz-Versicherung für das Familienauto oder den Zweitwagen lassen sich in der Zukunft noch deutlich höhere Beträge einsparen.

Viel wichtiger als die Einsparungen von Amir ist jedoch, was dies für dich bedeutet. Vielleicht hast du in einigen Bereichen schon deine Kosten optimiert und deine monatliche Ersparnis ist nicht mehr so groß. Möglicherweise ist dein persönliches Einsparpotenzial aber sogar noch deutlich größer als das von Amir, weil du von einem deutlich höheren Ausgabenniveau kommst. Höchste Zeit, einmal deine eigenen Ausgaben auf den Prüfstand zu stellen. Hinterfrage im ersten Schritt, welche Verträge und Vertragsinhalte dir wirklich wichtig sind. Im zweiten Schritt solltest du dann tätig werden und deine Altverträge kündigen, um neue zu Neukundenkonditionen abzuschließen. Setz dir beim Abschluss der Neuverträge am besten bald einen Eintrag in deinen Handykalender, zu welchem Termin du diese Verträge im Folgejahr wieder kündigst. So verschläfst du keine Kündigungsfristen mehr und gehst nicht in die teure Verlängerung. Sobald dir dein Vertragspartner die Kündigungsbestätigung mit dem Ende des Vertrages zugesendet hat, trage dir auch dieses in deinen Handykalender ein und lasse dich einige Monate vorher darauf hinweisen. So kannst du früh genug wieder nach guten Angeboten Ausschau halten und noch ein paar Euro über das richtige Timing beim Vertragsabschluss sparen, beispielsweise durch eine erhöhte Cashbackrate oder durch besonders gute Konditionen im Vertrag.

Deine Vertragsoptimierung muss nicht im Hochsommer bei bestem Freibadwetter erfolgen. Nimm dir doch einfach den nächsten regnerischen Wochenendtag vor und fang mit dem Vertrag an, bei dem du für dich das größte Einsparpotenzial siehst. Ein Stromvertrag könnte dafür ein guter Anfang sein, da mit vergleichsweise geringem Aufwand eine hohe Einsparung erfolgt. So hast du schnell ein Erfolgserlebnis, das dich hoffentlich für die weiteren Vertragswechsel motiviert.

Ich bin der festen Überzeugung, dass (fast) jeder Mensch die Möglichkeit hat, Geld langfristig zu investieren. In diesem Teil des Buches hast du erfahren, wie du – auch wenn du nur knapp über die Runden kommst und bisher alles, was du im Monat einnimmst, auch wieder ausgibst – dennoch Geld einsparen kannst, und das allein über die Optimierung deiner Verträge. Ob du darüber hinaus noch Optimierungen und Einsparungen durch einen veränderten Lifestyle (weniger Restaurantbesuche oder Impulskäufe) oder geändertes Nutzungsverhalten (zum Beispiel geringerer Stromverbrauch, weniger Kilometerleistung in der Kfz-Versicherung etc.) erzielen kannst, bleibt der individuellen Einstellung überlassen.

Wie dargestellt hat jemand, der im Alter von 20 Jahren über 65 Jahre bis hin zum 85. Lebensjahr konsequent seine Finanzen optimiert, mindestens 60.840 € eingespart.

Im dritten und letzten Teil des Buches möchte ich dir nun zeigen, wie du das eingesparte Geld langfristig investieren kannst und daraus ohne großen Aufwand 1.200.000 € werden – nach Abzug von Kosten und Steuern.[26]

Teil 3:
Investieren – was mache ich mit dem gesparten Geld?

„Für Börsenspekulationen ist der Februar einer der gefährlichsten Monate. Die anderen sind Juli, Januar, September, April, November, Mai, März, Juni, Dezember, August und Oktober."

MARK TWAIN, AMERIKANISCHER SCHRIFTSTELLER (1835 – 1910)

Im Geschichtsunterricht war ich nie besonders gut und dennoch fand ich eine Sache schon damals sehr bemerkenswert, nämlich die Chance, aus der Geschichte zu lernen. Je älter die Menschheit wird, desto mehr Möglichkeiten haben wir, aus den Fehlern anderer zu lernen, um diese nicht zu wiederholen. Wenn Mark Twain vor mehr als hundert Jahren das ganze Jahr für ungeeignet hielt, um zu spekulieren, dann sollte uns dies auch heute noch zu denken geben. Deswegen geht es im letzten Teil des Buches auch nicht um kurzfristige Spekulationen in Wolf-of-Wallstreet-Manier, sondern um langfristiges Investieren.

Aber was bedeutet eigentlich „Investieren"? Anders als die Spekulation, die auf den kurzfristigen Erfolg hofft, verfolgt die Investition eine langfristig positive Renditeentwicklung als Ziel. Dieser dritte Teil des Buches soll dir dabei helfen, falsche Investitionen zu vermeiden und stattdessen sinnvolle und nutzbringende auszuwählen. Dazu werden wir uns die verschiedenen Anlageklassen (engl. assets) genau anschauen, sodass du für dein persönliches Ziel den passenden Mix der verschiedenen Anlageklassen auswählen kannst.

Während du beim Sparen einen festen Zins erhältst und von vornherein weißt, was du nach einer bestimmten Anlageperiode an Zinsen bekommen wirst, verhält es sich beim Investieren anders. Die Renditeskala geht in beide Richtungen und du wirst direkt am Erfolg oder Misserfolg deiner Anlageentscheidung beteiligt. Ob deine Investitionsentscheidung eine gute war, stellt sich erst nach einiger Zeit heraus, nachdem die Anlageklasse, in die du investiert hast, entweder wertvoller wurde, stagnierte oder gar an Wert verloren hat.

1. Inflation

Nicht vernachlässigen solltest du bei deinen Investments die langfristige Inflation. Dadurch, dass die Notenbanken – für Europa die Europäische Zentralbank (EZB) – Geld nachdrucken können, wird das Angebot an Geld immer größer, weshalb der Wert des Geldes sinkt. Warum eine Inflation von 2 % allgemein als sinnvoll für die Wirtschaft erachtet wird, würde im Rahmen dieses Buches zu weit vom eigentlichen Ansinnen wegführen.[27] Stattdessen möchte ich dir kurz erläutern, was die 2 % konkret für dich im Alltag bedeuten und warum es wichtig ist, die Inflation bei deinen Anlageüberlegungen zu berücksichtigen.

Nehmen wir an, dass im Dönerparadies deines Vertrauens ein Döner 6 € kostet. Wegen der Inflation verteuern sich die Zutaten für deinen Döner im Schnitt um 2 % pro Jahr. Dein Dönerparadies muss mehr Geld aufwenden, um den Salat, den Dönerspieß und das Fladenbrot zu kaufen. Diese Preiserhöhungen wird der Dönerladen über kurz oder lang an dich weitergeben müssen, um durch den Verkauf von Dönern seinen Gewinn stabil zu halten. Dein Döner würde also ein Jahr später 6 € + 2 %, also 6,12 € kosten. Da 6,12 € kein „schöner" Preis ist, um diesen auf die Bestelltafel zu schreiben, wird der Dönerladen es entweder bei einem Preis von 6,10 € belassen oder direkt auf 6,20 € aufrunden. In letzterem Fall würde die Preissteigerung demnach nicht bloß 2 %, sondern 3,33 % betragen. Es ist wichtig, zu verstehen, dass es sich bei der Inflation um einen durchschnittlichen Kaufkraftverlust handelt. Vielleicht bleibt der Preis des Döners auch im nächsten Jahr noch bei 6 €, wird dafür jedoch im Jahr darauf auf 6,30 € angehoben. Nur zum Vergleich: Als ich im Jahr 2005 meinen ersten Döner gegessen habe, hat dieser noch 3,10 € gekostet.

Für deine Anlageentscheidungen bedeutet dies, dass du im Durchschnitt mindestens 2 % Rendite erzielen solltest, um die gleiche Kaufkraft für die Zukunft zu erhalten. In den letzten Jahren lagen die Inflationsraten – angetrieben durch den Krieg in der Ukraine – jedoch deutlich über den von der EZB angestrebten 2 %. Im Oktober 2022 war die Inflationsrate mit 10,4 % auf ihrem Höchstpunkt.[28] Im Juni 2023 betrug sie noch 6,4 %, während sie auch im Mai 2024 mit 2,4 % noch knapp über dem angestrebten Inflationsziel lag.[29] Gemessen wird die Inflationsrate anhand der Preise des sogenannten Verbraucherpreisindex (VPI) im Vergleich zum Vorjahresmonat. Im Warenkorb für den Verbraucherpreisindex sind ungefähr 700 Waren und Dienstleistungen enthalten, die von privaten Haushalten konsumiert werden.[30]

Verbrauchst du mehr Benzin, weil du zum Beispiel einen weiten Weg zur Arbeit hast, oder weniger Benzin, weil du mit dem Rad zur Arbeit fahren kannst, kann deine individuelle Inflationsrate ober- oder unterhalb der ermittelten Rate liegen. Warum erzähle ich dir das alles, wenn du doch eigentlich mehr übers Investieren wissen möchtest? Wenn die Inflationsrate 6,4 % beträgt, du für dein angelegtes Geld jedoch nur 3,4 % an Zinsen erhältst, verliert das Geld jedes Jahr 3 % an Kaufkraft. Hast du dein Geld unverzinst auf deinem Girokonto liegen, so verliert es sogar die kompletten 6,4 % an Wert. Nur wenn du in Anlageklassen investierst, die langfristig oberhalb der Inflationsrate liegen, findet eine tatsächliche Mehrung deiner Kaufkraft und somit ein echter Vermögensaufbau statt.

Da dies ein Buch für die praktische Anwendung ist, werde ich dir später im Detail erläutern, wie du deine getroffene Investmententscheidung in der Praxis umsetzen kannst und warum das gar nicht so schwierig ist, wie du jetzt vielleicht noch denkst.

2. Warum investieren statt konsumieren?

Bevor du nun weiterliest, möchte ich dich bitten, dir kurz Zeit zu nehmen und über die zwei folgenden Fragen nachzudenken:

1. Warum möchtest du Geld langfristig investieren? Wofür verzichtest du auf Konsum?
2. Für wie lange, also welchen Zeitraum, kannst du dir vorstellen, auf das investierte Geld zu verzichten?

Nimm dir ruhig etwas Zeit und notiere dir deine Ergebnisse. Deine Ziele und dein Anlagezeitraum sind die größten Einflussfaktoren, um eine fundierte Entscheidung zu treffen, welche Anlageklassen am besten geeignet für dich sind. Die Frage nach der Anlagesumme – mit der fast jedes Beratungsgespräch beginnt – ist es hingegen nicht. Du kannst dich mit einem Betrag deiner Wahl auf den Weg machen und am Aufbau deines Vermögens arbeiten. Besonders dein „Warum" ist wichtig. Hast du ein starkes Ziel vor Augen, bist du weniger anfällig dafür, nach wenigen Monaten oder Jahren alles über den Haufen zu werfen und das investierte Geld vorzeitig zu verkonsumieren. Ziele könnten zum Beispiel eine bestimmte teurere Reise oder das Traumauto sein. Häufigstes Ziel bei der langfristigen Geldanlage ist ein vorzeitiger Ruhestand oder das Schließen der eigenen Rentenlücke. Nach Berechnungen von Finanztip liegt ein realistisches Rentenniveau bei 39 % der aktuellen Median-Gehälter.[31] Daraus ergäbe sich eine Rentenlücke zwischen letztem Einkommen und Rentenzahlung von etwa 60 %. Wenn du dich im Alter nicht massiv einschränken möchtest, sondern vielleicht sogar mehr Geld zur Verfügung haben möchtest als zu Erwerbszeiten, erfährst du in den nächsten Kapiteln, wie dies kostengünstig, einfach und flexibel funktioniert.

Je nachdem, wie lang deine Ansparzeit und wie groß dein Sparbeitrag sind, wirst du es dir vielleicht sogar leisten können, bereits einige Jahre früher als mit aktuell 67 Jahren in den wohlverdienten

Ruhestand zu gehen. Falls dein „Warum“ nicht „Rente“ heißt, sei unbesorgt, es lassen sich auch mehrere Ziele gleichzeitig verfolgen. Wenn du bisher noch nicht oder nicht ausreichend privat für den Ruhestand vorgesorgt hast, entscheide für dich, ob jetzt nicht ein guter Zeitpunkt ist, damit anzufangen. Denn je früher du anfängst, desto kleiner sind die Beträge, die du investieren musst.

3. Anlageklassen

Im nachfolgenden Schaubild habe ich dir acht Möglichkeiten des Geldanlegens zusammengefasst. Nachdem wir in den Folgekapiteln geklärt haben, was genau sich hinter den einzelnen Anlageklassen verbirgt, werde ich dir die historischen Renditen, also die Renditen der vergangenen Jahre und Jahrzehnte für die einzelnen Segmente, zeigen. Aber Vorsicht! Begehe nicht den Rückschaufehler, indem du von der Vergangenheit einfach auf die Zukunft schließt. Nur weil eine Anlageklasse in der Vergangenheit gut performt hat, muss sie dies in der Zukunft nicht auch tun. Viel entscheidender als der Blick in den Rückspiegel ist daher deine Antwort auf die Frage, warum du jetzt und für die Zukunft in eine bestimmte Anlageklasse investieren möchtest. Neben den bereits genannten Zielen und dem Anlagezeitraum hängt diese auch von deiner Risikobereitschaft ab. Denn Risiko und Rendite gehen immer Hand in Hand.

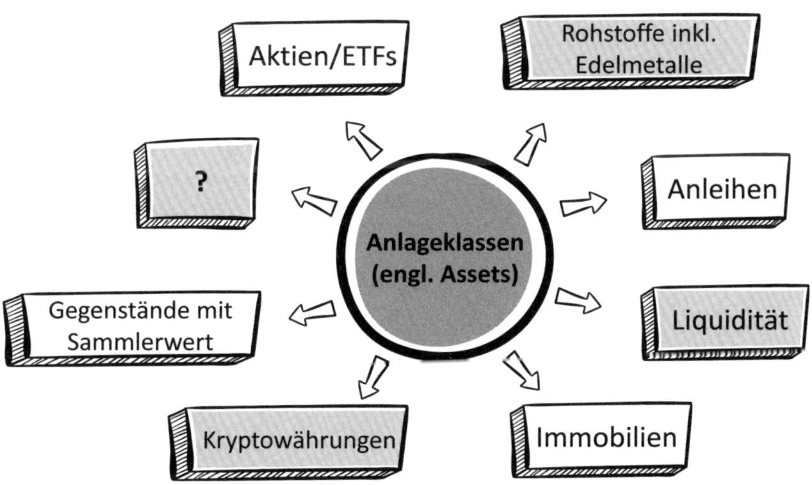

Anlageklassen. Eigene Darstellung

Liquidität

Als erste Anlageklasse möchte ich dir die *Liquidität* vorstellen. Dazu zählen Bargeld und angelegtes Geld auf dem Tagesgeldkonto. Mit Liquidität sind in diesem Buch die Anlageklassen gemeint, an die du sofort gelangst und dabei kein Kursverlustrisiko durch einen vorzeitigen Verkauf trägst.

Das Bargeld kannst du als gesetzliches Zahlungsmittel sofort liquidieren, indem du es im nächstbesten Geschäft ausgibst. Für Bargeld, das du in deinem Portemonnaie oder zu Hause bei dir lagerst, gibt es natürlich keine Zinsen. Sollten wir all unser Geld als Bargeld halten, würden wir dafür nicht nur keine Zinsen bekommen, sondern auch noch jedes Jahr einen Kaufkraftverlust in Höhe der aktuellen Inflationsrate erleiden. Außerdem besteht ein Diebstahlrisiko durch Verlust der Geldbörse oder einen Einbruch in den eigenen vier Wänden.

Mit der Anlage auf einem Tagesgeldkonto können wir dem Verlust ein bisschen entgegensteuern: Wir kommen immer noch jederzeit an das Geld heran, werden für die Anlage aber mit einem kleinen Zins entlohnt. Wie hoch der Zins ist, ist wiederum von Bank zu Bank unterschiedlich. Tagesgeldkonten sind nicht für den Zahlungsverkehr zugelassen, du kannst also nicht deine Miete von einem Tagesgeldkonto begleichen, sondern lediglich das Geld zwischen deinem Tagesgeldkonto und Girokonto hin- und hertransferieren. Aufgrund der gestiegenen Inflation in den Jahren 2022 und 2023 haben sich die EZB und die amerikanische Federal Reserve (FED) dazu entschieden, ihre Leitzinsen zu erhöhen. Die Leitzinsen sind für die Banken relevant, da sie angeben, wie viel Geld die Banken bekommen, wenn sie ihre Einlagen wiederum bei der EZB oder der FED kurzfristig „parken". Inzwischen zahlen fast alle Banken wieder Tagesgeldzinsen, für Neukunden sogar weit über 3 %. Für einen aktuellen Überblick empfehle ich dir die Übersicht von Finanztip inklusive Tagesgeldrechner, mit dem du deine erwartete Rendite in Euro ausrechnen kannst. Den Link dazu findest du in der Endnote.[32]

Wichtig für dich ist es, zu erkennen, dass du mit einer Anlage auf dem Tagegeldkonto in der Regel einen Kaufkraftverlust erzielen wirst. Denn die Verzinsung liegt fast immer unter der Inflationsrate. Wenn du also demnächst die Schlagzeile liest „Rekordzinsen bei Tagesgeldkonten", wirst du nicht in Jubel verfallen, sondern dich daran erinnern, dass dies nur bedeuten kann, dass auch die Inflationsrate wieder gestiegen ist. Dennoch ergibt es Sinn, einen kleinen Teil seines Vermögens liquide zu halten. Häufig werden drei bis sechs Monatsgehälter als liquide Reserve empfohlen. Das Geld dient als Absicherung für Worst-Case-Szenarien. Zum Beispiel für den Fall eines Arbeitsplatzverlustes. Aus der Reserve kannst du zum einen die Zeit bis zum Erhalt des Arbeitslosengeldes überbrücken und zum anderen die Lücke zwischen Arbeitslosengeld und letztem Nettogehalt – je nach Familienstand 33 oder 40 % – schließen.[33] Auch eine defekte Waschmaschine, ein kaputter Kühlschrank oder sogar ein Schaden am Auto verursachen keine Panik mehr bei dir, wenn du deine Reserve vorher gut gefüllt hast.

Wie groß du deine Reserve hältst, bleibt dir, deiner persönlichen Situation und deinem Einkommen überlassen. Ist dein Arbeitsplatz nicht gefährdet und ein Auto für dich nicht nötig, so kannst du die Reserve geringer halten als jemand, der berufsbedingt auf ein Fahrzeug angewiesen ist und dessen Arbeitsplatz gefährdeter ist. Um den Überblick zu behalten und zumindest ein wenig Zinsen zu bekommen, empfiehlt sich daher, die Lagerung nicht auf dem Girokonto, sondern auf einem verzinsten Tagesgeldkonto vorzunehmen (vgl. Kapitel 3.11). Vergiss bitte nicht, wenn du einmal auf deine Reserve zurückgreifen musstest, diese wieder aufzufüllen. So bist du auch für einen etwaigen nächsten Notfall gut gerüstet.

In Form von Festgeldern gibt es für Anleger die Möglichkeit, das Geld für einige Monate oder sogar mehrere Jahre zu einem Zinssatz fest anzulegen, leider mit dem Nachteil, dass man an das Geld während der Laufzeit nicht herankommt. Damit erfüllt es nicht die Kriterien für eine liquide Geldanlage. Da es für längere Investments renditestärkere Möglichkeiten als Festgelder gibt, werden diese im Buch nicht weiter behandelt.[34]

Kommen wir zum Abschluss zur historischen Einordnung. Haben die Zinsen im Jahr 1997 mit 2 % das jährliche Inflationsziel noch ausgeglichen, sind sie nach einer Steigung auf 2,3 % im Jahr 2001 seit der Bankenkrise 2008 von niedrigen 1,9 % sukzessive gefallen und beliefen sich in den Jahren 2017 bis 2022 auf durchschnittlich 0 %.[35] 2023 waren sie mit 0,37 % erstmals wieder positiv.

Anleihen

Während es sich bei der Anlage auf dem Tagesgeldkonto streng genommen nicht um ein Investment, sondern um klassisches Sparen handelt, verhält es sich bei den *Anleihen* schon anders. Man unterscheidet zwischen Staatsanleihen und Unternehmensanleihen. Gemein haben beide, dass für einen bestimmten Zeitraum, beispielsweise zehn Jahre, Geld zu einem festen Zins an Unternehmen oder den Staat geliehen wird. Dabei erfolgt die Zinszahlung auf das geliehene Kapital mittels Zinscoupons jährlich und die Rückzahlung des Kapitals zum Ende der Laufzeit. Der vereinbarte Zins ist bei Staaten als Herausgeber der Anleihe (sogenannter Emittent) tendenziell geringer als bei Unternehmen, weil das Ausfallrisiko geringer ist.

Als Ausfallrisiko wird die Möglichkeit bezeichnet, dass das geliehene Geld inklusive Zinsen vom Schuldner nicht zurückgezahlt werden kann. Bei Staaten ist dieses Ausfallrisiko geringer als bei Unternehmen, da bei einem Staat die Bevölkerung und Unternehmen durch Steuerzahlungen für laufende Einnahmen sorgen. Bei Unternehmen können durch Absatzeinbrüche die Einnahmen leichter wegfallen. Dies kann in der Insolvenz eines Unternehmens münden und für dich den Verlust deines Geldes bedeuten. Aber Vorsicht! Es gab auch schon zahlreiche Staatspleiten, insbesondere von Ländern des globalen Südens, die ihre Schulden nicht mehr zahlen konnten und bei denen die Geldverleiher (sogenannte Gläubiger) Geld verloren haben.

Der Grund, warum es sich bei Anleihen trotz des festen Zinses um ein Investmentprodukt und kein reines Sparprodukt handelt, ist, dass der Wert der Anleihe sich während des Verleihzeitraums verändern kann. Im Jahr 2012 wurde für eine 10-jährige deutsche Staatsanleihe ein Zins von 1,57 % gezahlt.[36] Nehmen wir an, dass Anteile zu je 100 € erworben werden konnten. Drei Jahre später wurde für eine neu aufgelegte 10-jährige Staatsanleihe nur noch ein Zins von 0,54 % gezahlt.[37] Das hat zur Folge, dass die erste Anleihe, die noch sieben Jahre einen Zinscoupon in Höhe von 1,57 % hat, im Wert gestiegen ist. Sie ist also nicht mehr die gezeichneten 100 € wert, sondern hat einen höheren Wert. Ein Jahr später lag der Zins für eine Anleihe nur noch bei 0,14 %, wodurch sich sowohl der Wert der Anleihen mit dem Zinscoupon in Höhe von 1,57 % als auch der in Höhe von 0,54 % erhöht hat.

Die genaue Werterhöhung setzt sich im Wesentlichen aus der Zinsdifferenz zwischen deinem Zinscoupon und dem Zinscoupon aktueller 10-jähriger Anleihen multipliziert mit den restlichen Jahren der Laufzeit zusammen. Daher wird er sich zum Fälligkeitsende auch wieder dem ursprünglichen Ausgabewert von – in unserem Fall – 100 € annähern. Als Anleger kannst du jederzeit entscheiden, ob du die Anleihe vorzeitig veräußerst oder sie bis zum Ende der Laufzeit hältst und dafür weiterhin jedes Jahr die Zinsen gutgeschrieben bekommst.

Im oben geschilderten Fall könnte ein Anleger die Anleihe mit einem Zinscoupon in Höhe von 1,57 % vorzeitig mit einem Gewinn verkaufen. Das ist jedoch keine Einbahnstraße! Wäre der Fall umgekehrt und der Anleger hätte zuerst eine Anleihe mit einem Zinssatz in Höhe von 0,14 % gezeichnet und in den Jahren darauf kämen neue Anleihen mit Zinssätzen von 0,54 % und 1,57 %, würde der Anleger bei einem vorzeitigen Verkauf weniger als die

100 €, für die er die Anleihe mit einem Zinssatz in Höhe von 0,14 % gezeichnet hat, erhalten und hätte somit einen Verlust.

Der durchschnittliche Zins für 10-jährige deutsche Staatsanleihen betrug im Betrachtungszeitraum 1995 bis 2023 2,83 %. Die Rendite von Unternehmensanleihen von Emittenten mit Sitz in Deutschland lag im gleichen Zeitraum bei 4,12 %.[38] Die Renditen beider Anlageklassen lagen über der Inflationsrate von durchschnittlich 1,8 % im selben Zeitraum, was bedeutet, dass sich mit beiden ein realer Wertzuwachs erzielen ließ.[39] Allerdings gibt es für eine so langfristige Geldanlage meiner Meinung nach deutlich attraktivere Anlageformen mit einem besseren Chance-Risiko-Verhältnis, zu denen wir später noch kommen.

Hinweis: Seit 2011 gibt es in Deutschland die gesetzliche Einlagensicherung in Höhe von 100.000 €. Das bedeutet, dass pro Kunde und Bank 100.000 € für den Insolvenzfall der Bank abgesichert sind. Deshalb sollte man nie mehr als 100.000 € bei einer Bank angelegt haben, sondern spätestens ab dieser Grenze das Guthaben auf mehrere Banken verteilen.

Aufgrund des höheren Risikos von Bankpleiten sind die Zinssätze für Tagesgelder im Durchschnitt höher als für Staatsanleihen von Staaten mit guter Bonität.

Daher sollten aus meiner Sicht Privatanleger den risikolosen Teil ihrer Geldanlage auf dem Tagesgeldkonto anstatt in Staatsanleihen vornehmen, solange sie unter 100.000 € bleiben.

Übrigens: Depotvermögen mit Aktien und anderen Wertpapieren, die bei einer Bank verwahrt werden, sind immer Sondervermögen, das nicht in die Insolvenzmasse einer Bank mit hineingerechnet wird.

Rohstoffe, Immobilien, Gegenstände mit Sammlerwert und Kryptowährungen

Die vier Anlageklassen *Rohstoffe, Immobilien, Gegenstände mit Sammlerwert (GMS)* und *Kryptowährungen* haben häufig und primär das Ziel der Wertsicherung, weshalb ich sie zusammen betrachte. Bei Anlegern liegt die Annahme zugrunde, dass Investments in diese Anlageklassen zumindest die Inflation ausgleichen und somit bei einer späteren Veräußerung die gleiche Kaufkraft erhalten bleibt, die zum Kaufzeitpunkt herrschte. Die Differenz zwischen Anschaffungskosten und Verkaufspreis ergibt dann den Gewinn, aus dem sich wiederum die Rendite – je nach angefallenen Kosten beim Kauf und Verkauf sowie der Haltedauer – berechnen lässt.

Vielleicht gehen dir gerade ein paar Schlagzeilen zu stark gestiegenen Gold- und Immobilienpreisen durch den Kopf und du magst anmerken, dass sich diese Güter durchaus auch zur Renditeerzielung über der Inflationsrate eignen. Ob dies so ist, und wenn ja, für welchen Zeitraum das gilt, werden wir im Folgenden der Reihe nach betrachten.

Rohstoffe

Beginnen wir mit dem Segment *Rohstoffe:* Der Kauf von Rohstoffen ist nicht ganz einfach, da die wenigsten mehrere Tonnen Weizen oder Kohle oder mehrere Hektoliter Erdöl lagern können und möchten. Der Kauf wird deshalb über unbefristete Schuldverschreibungen börsengehandelt abgewickelt. In sogenannten ETCs (= Exchange Traded Commodities, zu Deutsch börsengehandeltes Wertpapier auf Rohstoffe) können Anleger an der Wertentwicklung von Rohstoffen partizipieren.

Je nach Betrachtungszeitraum und gewählten Rohstoffen variiert die Wertentwicklung sehr stark – ein deutlicher Hinweis für die Schwankung (= Volatilität) der Rohstoffmärkte. Über den langen Zeitraum von 1900 bis 2022 ließ sich mit Rohstoffen eine inflationsbereinigte Rendite von 0,4 % pro Jahr realisieren.[40] Das bedeutet, dass unter Berücksichtigung der Inflation Anleger einen realen Wertzuwachs erzielten. Schaut man auf die letzten 20 Jahre, so wurde eine inflationsbereinigte Rendite von 1,1 % erzielt.[41] Die ernüchternden Zahlen zeigen, dass man im Durchschnitt über lange Zeiträume keine großen Sprünge mit einem breit gestreuten Investment in Rohstoffe erzielen kann. Kurzfristig lassen sich mit einzelnen Rohstoffen mit Sicherheit gute Gewinne einfahren, allerdings gleicht das eher dem kurzfristigen Spekulieren und nicht dem langfristigen Investieren, zu welchem dieses Buch anleiten möchte.

Gold

Folglich schauen wir uns unter den Rohstoffen lediglich den Bereich der Edelmetalle, genauer gesagt *Gold* näher an. Ein großer Vorteil von Gold gegenüber anderen Edelmetallen ist, dass beim Kauf keine Mehrwertsteuer anfällt wie etwa bei Silber oder Kupfer. Bei einem Investment in Silber oder Kupfer startet man als Anleger mit einem Minus von 19 %, da man beim Verkauf die Mehrwertsteuer selbstverständlich nicht zurückerhält und sie aufholen muss. Daher werde ich mich auf Gold als Edelmetall beschränken, wenngleich es auch Argumente geben kann, seinem Portfolio andere Edelmetalle beizumischen.[42]

Gold kann man sich physisch in Form von Barren oder Münzen ausliefern lassen, um es zu Hause oder im Bankschließfach aufzubewahren, oder alternativ wie auch andere Rohstoffe als ETC kaufen. Bei Letzterem gilt es zu unterscheiden, ob das Edelmetall tatsächlich physisch hinterlegt ist und im Bedarfsfall auch ausgeliefert werden kann oder ob nur der Kurs nachgebildet wird. Die ETCs Xetra Gold (Wertpapierkennnummer [WKN]: A0S9GB) und EUWAX Gold II (WKN: EWG2LD) existieren seit 2008 beziehungsweise 2017 und haben beide das Gold zu 100 % physisch hinterlegt. Auf Wunsch liefern sie das Gold gegen eine Gebühr aus. Deshalb sind sie steuerlich mit dem Verkauf von Goldbarren oder Münzen gleichgestellt und etwaige Gewinne nach einem Jahr Haltedauer steuerfrei.[43] Werden Gewinne innerhalb eines Jahres realisiert, so gibt es einen Freibetrag von 600 €. Um die historische Rendite von Gold besser einordnen zu können, betrachten wir die Entwicklung der letzten 20 Jahre in der unten stehenden Grafik:

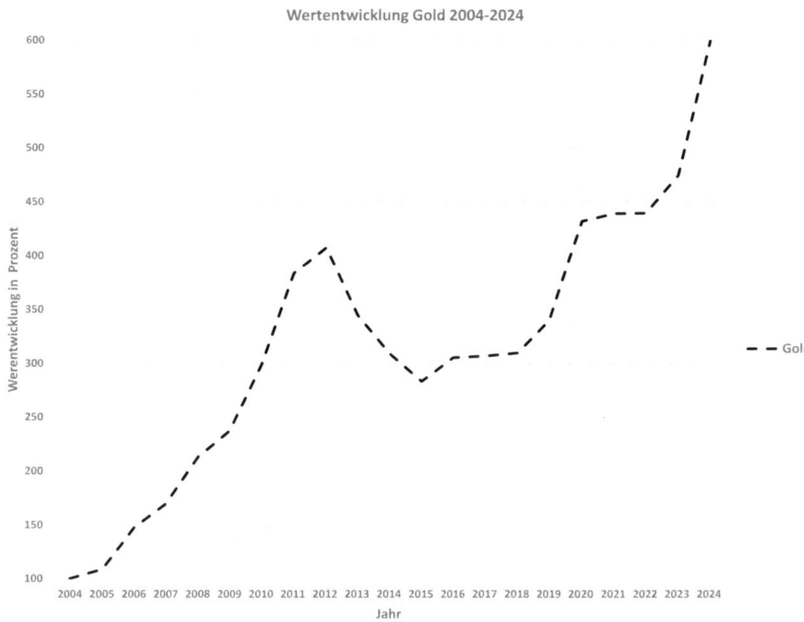

Wertentwicklung Gold in Prozent 2004–2024. Eigene Darstellung.

Auf der x-Achse siehst du die Jahre von 2004 bis 2024 und auf der y-Achse die Wertentwicklung in Prozent abgetragen. Wenn jemand im Jahr 2004 Gold gekauft hat und dieses bis 2012 gehalten hat, so hatte derjenige einen stattlichen Renditezuwachs in Höhe von 300 %. Nach einer Schwächephase bis ins Jahr 2020 zog die Rendite auf insgesamt 500 % Zuwachs an. Diese Grafik ist ein fantastisches Beispiel, wie wichtig der Zeitraum beim Vergleich von Anlageklassen ist. Ist ein Investor erst 2012 eingestiegen, so hat dieser zwar immer noch ein stattliches Plus gemacht, musste jedoch einige schwächere Jahre aussitzen und kam längst nicht an die Fabelrendite heran, die bei einem Investment über 20 Jahre steht.

Falls du jetzt glaubst, je länger der Zeitraum, desto besser das Ergebnis, muss ich dich leider enttäuschen. Für den Zeitraum 1900 bis 2022 ermittelte Kommer eine inflationsbereinigte Jahresrendite für Gold in Höhe von 0,7 %.[44] In diesen paar Zeilen wird deutlich, wie sehr es bei der Betrachtung von Renditen auf den gewählten Zeitraum ankommt. Diejenigen, die Gold als Anlageklasse kritisch gegenüberstehen, wählen den Zeitraum 2012 bis 2015, um ihren Standpunkt zu untermauern. Jene, die Gold als das Nonplusultra ansehen, verweisen auf die Wertentwicklung von 2015 bis 2024. Nimm für dich als Learning mit, dass du insbesondere bei Renditeangaben die Zahlen hinsichtlich des betrachteten Zeitraums selbst nachprüfst.

Bei der Berechnung der Renditen handelt es sich um die reinen Rohrenditen. Eventuelle Transaktions-, Lager- und Versicherungskosten für die Aufbewahrung des Goldes wurden nicht berücksichtigt, da diese sehr individuell sind. Später werde ich dir noch ein paar weitere historische Wertentwicklungen zeigen. Wie beim Autofahren gilt: Der Blick in den Rückspiegel gibt keinerlei Auskunft darüber, ob die Straße links, rechts oder geradeaus weiterführt. Genauso ist es beim Blick auf vergangene Renditen. Du musst für dich entscheiden, was du in der Zukunft erwartest und wie du dein Vermögen auf die einzelnen Anlageklassen aufteilst.

Immobilien

Kommen wir als Nächstes zur Anlageklasse *Immobilien*. Sowohl das selbst genutzte Haus als auch die vermietete Eigentumswohnung bieten eine gewisse Wertstabilität. Denn ganz gleich, wie der Geldwert sich entwickelt, die Immobilie bleibt bewohnbar – setzt man regelmäßige Instandhaltungen und die Abwesenheit von Umweltkatastrophen und Kriegen voraus. In den letzten Jahren sind die Preise von Immobilien durch eine lang anhaltende Niedrigzinsphase konstant gestiegen. Dadurch, dass Kredite zu günstigen Zinskonditionen zu erhalten waren, hat sich die Nachfrage nach Immobilien erhöht. Wegen der gestiegenen Nachfrage konnten die Verkäufer höhere Preise beim Verkauf der Immobilien verlangen. Bei einem Vergleich der Kaufpreise von insgesamt zwei Millionen Inseraten, bestehend aus Wohnungen zwischen 60 und 80 Quadratmetern und Häusern zwischen 100 und 150 Quadratmetern, aus dem Jahr 2004 bis zum ersten Quartal 2024 ergab sich im Mittel eine jährliche Wertsteigerung von 4,15 %.[45] Wichtig für die Berechnung der tatsächlichen Rendite einer Immobilie ist es jedoch, alle anfallenden Kosten mit einzubeziehen. Bei Immobilien bestehen diese aus Zins-, Instandhaltungs- und Transaktionskosten sowie einer jährlichen Grundsteuerzahlung.

Die Transaktionskosten für den Kauf einer Immobilie setzen sich aus Notar- und Grundbuchkosten (2 %), der Grunderwerbssteuer (je nach Bundesland zwischen 3,5 und 6,5 %) und häufig Maklergebühren (frei verhandelbar; je nach Bundesland zwischen 2,98 und 3,57 % für den Käufer) zusammen.[46] Addiert man die einzelnen Prozentbeträge, so kommt man im für den Käufer günstigsten Fall auf 8,48 %. Das Immobilienportal *immoverkauf24.de* gibt Kaufnebenkosten von 9 bis 12 % vom Kaufpreis an, die ein Käufer hinzukalkulieren sollte.[47] Das sind, um das schon einmal vorwegzunehmen, die höchsten Transaktionskosten aller Anlageklassen.[48] Als Instandhaltungskosten sind durchschnittlich zwischen 2 und 2,5 % des Immobilienwertes jährlich anzusetzen.[49] Bleiben noch die Zinskosten, die während der Tilgung des Kredits angefallen sind.

Lass mich dir die Kosten, die bei dem Erwerb und Verkauf einer Immobilie anfallen, an einem Beispiel verdeutlichen: Nehmen wir an, du kaufst eine Eigentumswohnung zur Selbstnutzung für 200.000 € und musst rund 10 % an Kaufnebenkosten, also weitere 20.000 €, zahlen. Da du bereits 50.000 € angespart hast und diese in die Finanzierung mit einfließen lässt, musst du nur noch 170.000 € finanzieren. Diese finanzierst du nach einem Bankenvergleich im Jahr 2024 zu 3,8 % über die nächsten 20 Jahre, sodass du monatlich 1.012 € zahlst.[50] Nach den 20 Jahren hast du neben den 170.000 € zusätzlich 73.000 € an Zinsen an die Bank bezahlt.

Während der Nutzungszeit sind immer wieder Instandhaltungskosten angefallen. Die ersten Jahre fast gar nichts, da die Immobilie in einem guten Zustand war, später mussten jedoch auch teurere Reparaturen gemacht werden, wie neue Fenster oder Renovierungen im Bad. Über die 20 Jahre hast du im Durchschnitt 2 % des Kaufpreises an Instandhaltungskosten und somit jährlich 4.000 € gehabt. Aufsummiert ergibt dies weitere 80.000 €.[51] Nach 20 Jahren hat sich deine Immobilie jedoch gut entwickelt und hat tatsächlich die jährliche Wertentwicklung von 3,44 % erzielt. Anstelle der 200.000 €, die du gezahlt hast, ist sie nun 394.000 € wert. Du möchtest deine Wohnung nun verkaufen.

Da du keine Lust hast, schon wieder einen Makler zu bezahlen, kümmerst du dich selbst um den Verkauf, sodass an dieser Stelle keine weiteren Kosten für dich anfallen. Wie aber war nun die Rendite? Der Wert nach 20 Jahren in Höhe von 394.000 € minus dem Einstandswert in Höhe von 200.000 € ergibt 194.000 €. Diese kannst du als Wertsteigerung verbuchen. Von diesen müssen die Transaktionskosten (20.000 €), die Instandhaltungskosten (80.000 €) und die Zinskosten (73.000 €) subtrahiert werden. Übrig bleibt ein Plus von 21.000 €. Möchtest du nun deine jährliche Rendite ermitteln, so teilst du die 21.000 € zunächst durch die Summe aller Ausgaben (200.000 € + 20.000 € + 80.000 € + 73.000 € = 373.000 €) und erhältst 5,63 %. Im letzten Schritt dividierst du das Ergebnis noch durch die Anlagedauer von 20 Jahren, sodass du schlussendlich eine jährliche Rendite in Höhe von 0,28 % erhältst.[52]

Für das Beispiel ist weniger wichtig, ob jede Zahl im Einzelnen stimmt. Vielleicht sind die Zinsen aktuell schon deutlich höher oder wieder niedriger. Wichtiger war es mir, dir einmal die kompletten Kosten einer exemplarischen Immobilienfinanzierung aufzuzeigen. Häufig wird der Fehler gemacht, nur den Verkaufspreis mit dem Kaufpreis zu vergleichen – und da hören sich die 194.000 € Wertsteigerung natürlich super an. Mit der Berechnung möchte ich auf keinen Fall den etwaigen Traum einer eigenen

Immobilie zerstören. Es geht mir vielmehr darum, dir die realistische Wertentwicklung einer selbst genutzten Wohnimmobilie aufzuzeigen.

Gegenstände mit Sammlerwert

Die nächste Anlageklasse, *Gegenstände mit Sammlerwert* (GMS), lässt sich weiter in Kunst oder Antiquitäten, Oldtimer, Luxusuhren, seltene Weine, limitierte Sneaker oder sogar LEGO-Sets unterteilen. All diese Gegenstände werden aus Investorensicht in der Annahme erworben, dass sie im Wert steigen werden, weil das Angebot zukünftig knapper wird. So wird beispielsweise ein Teil der seltenen Weine getrunken und ein Teil der Kunst geht durch Raub oder Unfälle verloren, was zur Folge hat, dass die noch übrigen Weine dieses Jahrgangs oder die Gemälde des Künstlers im Wert steigen. Diese Anlage birgt jedoch einige Hürden für Anleger. Zum einen sind es häufig die hohen Preise, die dafür sorgen, dass eine Anlage in dieser Anlageklasse für die meisten Privatanleger unerschwinglich ist – wenngleich in den letzten Jahren Anbieter auf den Markt getreten sind, die unter anderem das anteilige Investieren in Wein ermöglichen.[53]

Aber auch das Investieren in LEGO-Sets erfreut sich in den letzten Jahren einer größeren Beliebtheit, da hier auch mit kleineren Beträgen investiert werden kann. Es wird vorwiegend in Produkte investiert, die der Hersteller demnächst vom Markt nehmen wird, wodurch das Angebot verknappt wird und sich eine Wertsteigerung ergibt. Bei einem Investment in LEGO-Sets ist – nach Auffassung der Seite *brickfact.com* – die Anmeldung eines Gewerbes und die Versteuerung über die Einkommenssteuererklärung unabdingbar, da eine Gewinnerzielungsabsicht vorliegt.[54] Problematisch ist die Lagerung der Ware. Zum einen muss der Platz vorhanden sein. Zum anderen muss der Lagerplatz unter Umständen gewisse Kriterien erfüllen, wie beispielsweise eine bestimmte Temperatur oder Lichtverhältnisse. Diese Lagerkosten und zusätzlich etwaige Versicherungskosten gegen den Verlust beziehungsweise die Zerstörung der Ware müssen bei der Renditeberechnung mit einbezogen werden.

Da die Anlageklassen zum einen sehr speziell sind und man zum anderen kaum an unabhängige Kennzahlen zur Renditeentwicklung gelangt, verzichte ich bei dieser Anlageklasse darauf, eine Wertentwicklung darzustellen. Solltest du Interesse haben, in diese Anlageklasse zu investieren, tu dies nur, wenn du dich in dem jeweiligen Bereich auch wirklich gut auskennst und die Risiken und Chancen realistisch einschätzen kannst.

Kryptowährungen

Den Abschluss der vier zusammengefassten Anlageklassen bildet die Kategorie *Kryptowährungen*. Inzwischen gibt es weit über 10.000 Kryptowährungen, sodass es unmöglich ist, mit einer kurzen Beschreibung in diesem Buch allen Kryptos gerecht zu werden.[55] Zu den bekanntesten Währungen zählen Bitcoin und Ethereum. Beide haben gemein, dass sie auf Basis der Blockchain-Technologie programmiert sind. Das bedeutet stark vereinfacht, dass die maximale Menge der Coins einer Währung vorab festgelegt ist, was einen großen Unterschied zu den Fiatwährungen Dollar, Euro, Pfund usw. darstellt. Denn in den Fiatgeldsystemen können die Zentralbanken durch das Drucken weiterer Banknoten immer neues Geld schöpfen, was aufgrund des höheren Angebots zu einem Wertverlust und somit zur Inflation führt.

Um Coins in einer Kryptowährung zu kreieren, werden diese durch Rechenleistung geschürft (engl. mining), bis die maximale Anzahl an Coins erschaffen wurde. Mir persönlich hat sich der Vorteil von Kryptowährungen trotz intensiver Recherchen und zahlreicher Gespräche noch immer nicht offenbart. Keiner meiner Gesprächspartner konnte mir plausibel herleiten, worin genau die Wertschöpfung bei Kryptos besteht. Während Rohstoffe, Immobilien und Gegenstände mit Sammlerwert aus meiner Perspektive noch einen inneren Wert haben, ist dieser bei Kryptowährungen nicht vorhanden. Lass mich dir dies wieder an einem Beispiel verdeutlichen: Wenn ich niemanden finde, der mir mein Gold zu einem höheren Kurs abkauft, so hat Gold immer noch eine Nachfrage und Verwendung in der Industrie oder ich könnte das Gold gegen Waren beim Einkauf eintauschen. Wenn mir meine Immobilie keiner abkauft, so kann ich immer noch in dieser leben. Meinen Wein kann ich immer noch selbst trinken. Aber was mache ich mit meinen Bitcoins?

Dennoch lässt sich die fabelhafte Wertentwicklung des Bitcoins nicht kleinreden. Im Zeitraum Dezember 2014 bis August 2024 erzielten Investoren eine Gesamtrendite von sagenhaften 18.404 %.[56] Allerdings erinnerst du dich bestimmt noch daran, was ich dir über die Betrachtungszeiträume erzählt habe. Hättest du beispielsweise im Oktober 2021 in Bitcoin investiert, hätte sich dein Investment bis Dezember 2022 auf weniger als ein Drittel reduziert.[57] Für die Veräußerung von Kryptowährungen gilt eine Steuerfreigrenze in Höhe von 1000 € pro Jahr, wenn du die Währung mindestens ein Jahr gehalten hast.

Fear of missing out

Bei keiner deiner Entscheidungen – ob beim Investieren deines Geldes, dem Kauf von Produkten oder in anderen Bereichen deines Lebens – solltest du dich von der „Fear of missing out“ (kurz: FOMO) fehlleiten lassen. Bei der FOMO handelt es sich um die Angst, etwas Wichtiges zu verpassen. Es besteht daher kein guter Grund, um im Beispiel zu bleiben, nur Bitcoins zu kaufen, weil diese in den letzten zehn Jahren super gelaufen sind und man Angst hat, nicht bei einer weiteren positiven Wertentwicklung dabei zu sein. Genauso wenig solltest du nach Bali fliegen und deine Erlebnisse auf Instagram teilen, nur weil andere das tun. Stell dir lieber die Frage, warum du in Bitcoin investieren oder nach Bali reisen möchtest. Findest du gute Antworten auf die Fragen, sinkt die Wahrscheinlichkeit, dass du es nur aus der Angst, etwas zu verpassen, machst – denn Angst ist nie ein guter Ratgeber.

Aktien

Beim Kauf von Aktien stellst du dem Unternehmen Eigenkapital zur Verfügung. Anders als bei der Unternehmensanleihe, wo du dem Unternehmen einen Kredit gibst, wirst du bei der Aktie zum Miteigentümer an dem Unternehmen. Vor- und Nachteil der Aktie im Vergleich zur Unternehmensanleihe ist, dass du nicht nur im Rahmen eines Zinscoupons am Unternehmenserfolg partizipierst, sondern in unbegrenzter Höhe am Unternehmenserfolg beziehungsweise -misserfolg teilnimmst.

Von einer fabelhaften Rendite, wie beim Coronaimpfstoffhersteller Biontech von zeitweise über 2300 %,[58] bis zum Totalverlust, wie beim Zahlungsabwickler und Finanzdienstleister Wirecard,[59] ist alles möglich. Ich starte bewusst mit zwei Extrembeispielen, um deutlich zu machen, dass das Investieren in Aktien keine Einbahnstraße ist, bei der es nur nach oben geht.

Im positiven Szenario kannst du als Anleger auf zwei Arten am Unternehmenserfolg beteiligt werden:

1. durch einen gestiegenen Aktienkurs,
2. durch das Zahlen einer Dividende.

Im ersten Fall spiegelt sich der gestiegene Wert des Unternehmens im Aktienkurs wider. So geschehen im Fall von Biontech: Durch den weltweiten Verkauf des Impfstoffes hat das Unternehmen Milliardengewinne eingefahren, was seinen Wert und somit auch den Aktienkurs erhöht hat. Von ehemals rund 13 € pro Aktie ist der Wert in knapp zwei Jahren auf rund 300 € gestiegen. Erinnere dich jedoch an das, was du über die gewählten Betrachtungszeiträume gelernt hast. Jemand, der im September 2021 – vielleicht aus FOMO-Gründen – eingestiegen ist, hat bis Juli 2022, als die Aktie nur noch 136 € wert war, mehr als 50 % an Kursverlusten verkraften müssen.

Rückschaufehler

Biontech ist ein guter Fall, um das Phänomen des Rückschaufehlers zu erläutern. Aus heutiger Sicht könnte man meinen, dass es damals klar gewesen sei, dass Biontech das Rennen um den Impfstoff machen würde und dieser medial und durch die Bevölkerung gut aufgenommen würde. Weltweit wurde im Januar 2020 in mindestens 280 Projekten an möglichen Impfstoffen gegen das Coronavirus geforscht.[60] Allein die deutsche Bundesregierung streute ihr Risiko, indem sie neben Biontech in CureVac und IDT Biologika investierte.[61] Dass Biontech und eine Handvoll andere Mitbewerber einen wirkungsvollen Impfstoff entwickeln würden, war damals nicht so eindeutig, wie es der Rückschaufehler annehmen lässt. Man erinnert sich später in der Regel nur noch an die Unternehmen, die es geschafft haben. Dieses Phänomen lässt sich auf Unternehmen wie Tesla, Amazon, Netflix und Co. übertragen, die in den letzten Jahren ebenfalls herausragende Renditen erzielt haben, bei denen es aber nicht von Anfang an (für jedermann) absehbar war, dass sie diesen erfolgreichen Weg gehen werden.

Kommen wir zurück zur zweiten Art, wie du mit Aktien Geld verdienen kannst. Auf der Hauptversammlung schlägt der Vorstand den Aktionären die Ausschüttung einer bestimmten Dividende vor, welcher die Aktionäre in der Regel zustimmen. Die Höhe der Dividende liegt dabei häufig im niedrigen bis mittleren einstelligen Prozentbereich des aktuellen Kurswertes der Aktie. Das nach Marktkapitalisierung größte deutsche Unternehmen, der IT-Konzern SAP, zahlte seinen Aktionären für das Jahr 2024 eine Basisdividende in Höhe von 2,20 €. Gemessen am Aktienkurs ergab dies eine Dividendenrendite von 1,58 %.[62] Das bedeutet, dass, neben einem eventuellen Kursrückgang oder -zuwachs, ein Investor zusätzlich 2,20 € pro Aktie auf sein Konto überwiesen bekommen hat.

Biontech verzichtet komplett auf das Zahlen einer Dividende und folgt damit dem Beispiel des Internetriesen Amazon, der bisher ebenfalls auf das Zahlen von Dividenden verzichtete und stattdessen alle Gewinne in das Unternehmenswachstum investierte. Am Kursverlauf der Amazon-Aktie lässt sich ablesen, dass diese Strategie nicht zum Nachteil der Aktionäre war. Denn während ausgeschüttete Gewinne versteuert werden müssen, haben Investitionen in das Unternehmen einen steuermindernden Effekt. Dadurch bleibt ein größerer Teil der Gewinne im Unternehmen und fließt nicht an den Fiskus ab.

Unser Ziel als Aktionär ist es selbstverständlich, möglichst wenige Unternehmen wie Wirecard im Portfolio zu haben und stattdessen in Unternehmen zu investieren, die langfristig profitabel sind. Das Problem ist: Keiner weiß mit Sicherheit im Vorhinein, ob er bei der Wahl einer Aktie das nächste Amazon oder das nächste Wirecard erwischt. Daher lautet eine der wichtigsten Börsenweisheiten von Nobelpreisträger Harry M. Markowitz: „Lege nie alle Eier in einen Korb." Stürzt du nämlich mit dem einen Korb, sind alle Eier kaputt. Übertragen auf den Kauf von Aktien bedeutet das, du solltest nie in nur ein einziges oder in wenige Unternehmen investieren, sondern dein Investment möglichst breit streuen. Wie das genau geht, möchte ich dir am Beispiel des nach Marktkapitalisierung größten deutschen Autobauers, Volkswagen, verdeutlichen.

Umgang mit Risiken beim Aktieninvestment

Wenn du nur die Volkswagen-Aktie in deinem Depot hättest, so würdest du gleich mehrere Risiken eingehen: Am offensichtlichsten ist das *Unternehmensrisiko*. Macht Volkswagen Fehler – zum Beispiel mit dem nächsten Abgasskandal –, könnte das den Aktienkurs massiv unter Druck setzen. Auch vor Problemen, die allen Unternehmen der Automobilbranche zu schaffen machen, bist du nicht gefeit. Fehlt es zum Beispiel der gesamten Branche an Computerchips zum Fertigstellen der Autos, hängst auch du als Aktionär von Volkswagen mit drin. Dieses Risiko nennt man das *Branchenrisiko*. Beide Risiken kannst du reduzieren, indem du dein Geld nicht bloß in die Volkswagen-Aktie steckst, sondern einen ETF (= Exchange Traded Fund, zu Deutsch börsengehandelter Index-Fonds) auf den DAX (Abkürzung für Deutscher Aktienindex) kaufst. Bei einem Index werden Unternehmen in einem Barometer zusammengefasst. Im Falle des DAX ist die Deutsche Börse AG für die Berechnung des Indexwertes und die Aufnahme von Unternehmen verantwortlich. Aktuell sind die 40 größten

Unternehmen des deutschen Aktienmarkts in dem Index gelistet. In regelmäßigen Abständen wird geprüft, ob es bei den aktuellen 40 Unternehmen bleibt oder wie in der Bundesliga einige Unternehmen aus dem Index absteigen und dafür andere neu aufgenommen werden. Auch die Größe des Index könnte dabei angepasst werden. Bis September 2021 waren beispielsweise lediglich 30 Unternehmen im DAX gelistet.

Das Besondere beim Kauf eines ETFs auf den DAX im Gegensatz zu einem klassischen Fonds ist, dass die Kosten deutlich geringer sind. Während der Kauf eines ETFs in aller Regel kostenlos ist, fallen beim Kauf von gemanagten Fonds Kosten von bis zu 5 % an. Von 100 €, die du beispielsweise investieren möchtest, landen nur 95 € auch tatsächlich in deinem Depot. Auch die laufenden Gebühren sind bei einem ETF mit ~ 0,2 % im Jahr günstiger als bei einem Fonds mit bis zu 2,5 %. Das bedeutet, dass ein *aktiv* von einem Fondsmanager verwalteter Fonds im schlimmsten Fall in einem Jahr erst einmal 7,5 % an Rendite aufholen muss, um ins Plus zu kommen, da du insgesamt bereits Kosten in dieser Höhe hattest. Der *passive* ETF hingegen entwickelt sich für dich schon nach dem Aufholen der 0,2 % ins Positive. In Kapitel 3.8 werde ich noch näher auf die Vorteile des passiven Investierens eingehen.

Kommen wir zurück zum DAX. Volkswagen wird mit den anderen Autobauern BMW, Mercedes und Porsche zusammen mit Unternehmen wie Rheinmetall und Airbus in der Branche „Sonstiges" geführt. Insgesamt machte diese im August 2024 25 % aus. Volkswagen hatte am gesamten Indexvolumen lediglich einen Anteil von 1,47 %.[63] Gehen wir einmal vom Extremfall aus, dass Volkswagen aufgrund eines Managementfehlers insolvent ginge und du als Aktionär einen Totalverlust erleidest. Dann wären aus von dir investierten 100 € im Nu 0 € geworden, wenn du all dein Geld in Volkswagen allein investiert hättest. Hättest du deine 100 € stattdessen in einen ETF auf den DAX investiert, so wären immer noch 98,53 € deines Vermögens übrig und du hättest nur 1,47 € (=1,47 %) an Wert verloren. Selbst der Totalausfall dieses einen

Unternehmens würde sich in deinem Depot kaum bemerkbar machen. Einen Ausfall von SAP hingegen – 12,87 % am Index – würdest du empfindlich zu spüren bekommen, weshalb aus meiner Perspektive das Unternehmensrisiko bei einem DAX-ETF noch immer zu groß ist. Auch das Branchenrisiko ist noch sehr groß, da mit den vier genannten Autobauern vier Unternehmen aus der Automobilbranche vertreten sind, die bei ausbleibenden Lieferungen von Zulieferern alle ähnliche Probleme bekommen. Erschwerend kommt hinzu, dass in der Wachstumsbranche der letzten Jahre, „Technologie", mit der Deutschen Telekom, Infineon, SAP und Siemens nur vier Unternehmen enthalten sind.

Außerdem sind wir nach wie vor mit unserem Investment in nur in einem Land, einer Währung und einem politischen System vertreten. Bei einer Investition in nur ein Land besteht das sogenannte *Länderrisiko*. Gerät das Land, in das ich investiert habe, beispielsweise in einen Krieg, ändert sich von heute auf morgen alles. Ähnlich verhält es sich beim *Währungsrisiko*, wenn man nur in eine Währung investiert hat und diese – beispielsweise durch eine hohe Inflation – in Schieflage geraten würde. Übrig bleibt noch das *Risiko* eines einzigen *politischen Systems*. Durch den politischen Wunsch einer Energiewende in Deutschland haben sich die Energiepreise deutlich verteuert, worunter alle in Deutschland produzierenden Unternehmen leiden. Mir geht es an dieser Stelle nicht um eine politische Bewertung, sondern allein um die Sichtweise eines Investors. Damit sollte klar sein, was wir für unsere Investition benötigen: mehr Währungen, mehr Länder und damit zugleich mehrere politische Systeme.

Mit einem ETF auf den sogenannten MSCI World investierst du dein Geld in etwa 1600 Unternehmen aus 23 Industrieländern. Zu 15 europäischen Ländern kommen die USA, Kanada, Israel, aber auch Australien, Neuseeland, Japan, Hongkong und Singapur hinzu. Das bedeutet, dass neben dem Euro unter anderem der amerikanische, australische und kanadische Dollar, das britische Pfund, der Schweizer Franken, der japanische Yen und diverse skandinavische Kronen als Währungen hinzukommen. Der Anteil Deutschlands am MSCI World betrug im August 2024 2,2 %.[64] Größtes vertretenes Land im Index sind wenig überraschend die USA mit 72,7 %, da der Index nach der Marktkapitalisierung zusammengestellt ist und viele der größten Unternehmen in den USA angesiedelt sind. Dieser hohe Anteil der USA lässt sich vor dem Hintergrund der geschilderten Risiken im Hinblick auf das Land, die Währung und das politische System durchaus kritisch betrachten. Insbesondere dann, wenn man sich vor Augen führt, dass sich der Anteil seit 2012 von ehemals 52,1% rasant entwickelt hat.[65] So verwundert es nicht, dass die zehn größten Unternehmen allesamt in den USA ansässig sind und insgesamt 21,6 % des Index ausmachen.[66] Größtes Unternehmen ist Microsoft (4,4 %), gefolgt von Apple (4 %), Nvidia (3,4 %) und Amazon (2,6 %). Der Index beinhaltet elf verschiedene Branchen, wobei die Informationstechnologie – zu der die drei erstgenannten Unternehmen zählen – mit 23,22 % die größte ist.[67] Weitere Branchen sind Finanzen (15,36 %) sowie Gesundheitsvorsorge (11,99 %).

Es gibt zwei Möglichkeiten, mit dem großen USA-Anteil umzugehen. Die eine ist es, diesen hinzunehmen, schließlich ist der hohe Anteil nicht in Stein gemeißelt. Alle Unternehmen aus Industrieländern haben die Möglichkeit, durch gute Geschäftskonzepte Anteile hinzuzugewinnen und somit wieder für eine etwas ausgeglichenere Verteilung zu sorgen. Eine andere Möglichkeit besteht darin, durch die Beimischung beispielsweise eines Europa-ETFs den Anteil der USA im eigenen Portfolio zu reduzieren. Letzteres ergibt Sinn, wenn man persönlich der europäischen Wirtschaft in den nächsten Jahren und Jahrzehnten ein Aufholpotenzial gegenüber der amerikanischen Wirtschaft zutraut.

Wem die Diversifikation im MSCI World generell nicht ausreichend groß ist, für den könnte der MSCI All Country World Index einen Blick Wert sein. Dieser erweitert den MSCI World um Aktien aus 24 Schwellenländern, wie unter anderem China, Brasilien, Indien,

Mexiko und Südkorea, und kommt auf insgesamt etwa 2800 Unternehmen.[68] Allerdings sind die Aktien aus den Schwellenländern nicht gleich gewichtet, sodass diese einen Anteil von etwa 10 % am Gesamtindex haben, während die dir bekannten Industrieländer aus dem MSCI World die anderen 90 % ausmachen. Der Anteil der US-amerikanischen Aktien reduziert sich dadurch jedoch auf etwa 63 %.[69] Die Aufteilung in Industrie- oder Schwellenland wird vom Finanzdienstleister MSCI anhand festgelegter Kriterien vorgenommen. Als Folge des Krieges in der Ukraine ist Russland seit März 2022 nicht mehr in den Indizes von MSCI vertreten.

Ziel dieses Buches ist es, die Geldanlage so simpel und effektiv wie möglich zu halten. Dennoch sei an dieser Stelle angemerkt, dass du – statt nur einen einzigen ETF zu kaufen – auch mehrere ETFs kaufen kannst. So sieht die Strategie von Kommer vor, das in Aktien investierte Geld zum Großteil weltweit gestreut und zwischen 10 und 25 % in Schwellenländern (englisch emerging markets) zu investieren.[70] Dieser Herangehensweise liegt die Annahme zugrunde, dass ein Investment in Schwellenländern zwar volatiler ist, also größeren Schwankungen unterliegt, den Anleger dafür aber mit einer etwas höheren Rendite belohnt. Folgt man dieser Annahme, so sollte neben einem ETF auf den MSCI World ein zweiter ETF auf die Emerging Markets ausgewählt werden. Damit das angestrebte Verhältnis von 75 zu 25 Prozent bestehen bleibt, sollte einmal im Jahr ein sogenanntes „Rebalancing" stattfinden. Dabei überprüfst du, ob das Verhältnis noch stimmt oder ob durch ein Umschichten der Geldanlage, also ein Verkauf des einen ETFs zugunsten eines anderen, dieses Verhältnis wiederhergestellt werden muss.

Den MSCI World Index gibt es bereits seit 1970, den ACWI und Emerging Markets erst seit 1987. Daher schauen wir uns zunächst die historischen Renditen der drei genannten Indizes für den längstmöglichen Zeitraum an, zu dem Daten verfügbar sind.

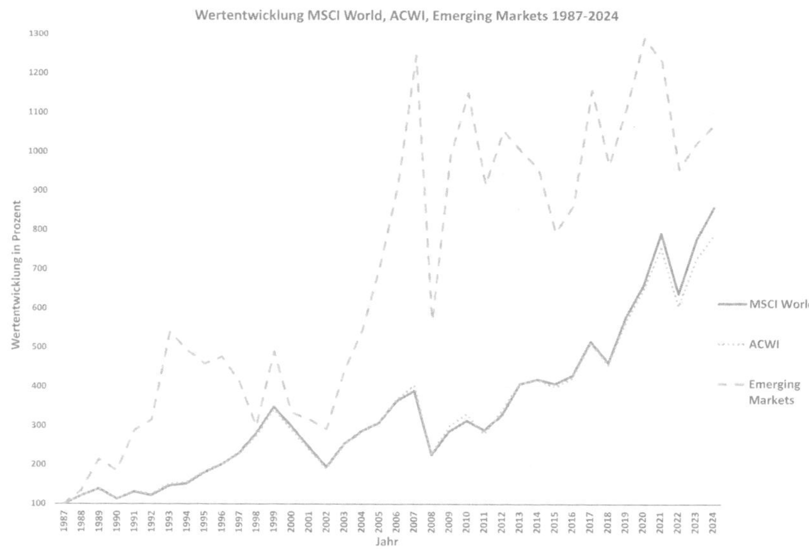

Wertentwicklung der Indizes MSCI World, ACWI und Emerging Markets in Prozent 1987–2024. Eigene Darstellung.

Bei der Betrachtung der Graphen fallen gleich mehrere Dinge auf. Alle drei Indizes liegen über den Betrachtungszeitraum deutlich im Plus. Der Emerging Markets liegt sogar mehr als 200 % vor den anderen Indizes. Dies verdankt er den starken Jahren von 1987 bis 1992 und 2002 bis 2007. Im Gegenzug war er dafür deutlich volatiler als der MSCI World und der ACWI. Bei den drei Indizes handelt es sich um sogenannte Kursindizes, was bedeutet, dass nur die Wertsteigerung der Aktien in dem Index abgebildet werden. Die Dividenden, die zusätzlich von den Unternehmen an die Investoren ausgeschüttet wurden, sind nicht berücksichtigt. Je nach Index kommen hier im Durchschnitt zwischen 2 und 3 % pro Jahr noch einmal an Wertzuwachs hinzu.

Für diejenigen, die es genau wissen wollen, weist das Factsheet des MSCI World für den Betrachtungszeitraum seit 31. Dezember 1987 bis Juli 2024 für die drei Indizes die folgenden jährlichen Bruttorenditen – also Kurszuwächse und Dividenden vor Kosten und Steuern – aus.[71]

MSCI World	ACWI	Emerging Markets
8,53 %	8,34 %	9,59 %

Zentral für das weitere Vorgehen ist, dass mit einem breit gestreuten Aktieninvestment über einen langen Betrachtungszeitraum durchschnittlich jährliche Renditen von 8 bis 9 % möglich waren. Abschließend möchte ich dir auch noch den 20-Jahres-Zeitraum, wie du ihn bereits von der Anlageklasse Gold kennst, zeigen:

Wertentwicklung der Indizes MSCI World, ACWI und Emerging Markets in Prozent 2004–2024. Eigene Darstellung.

Betrachtet man den kürzeren Zeitraum, fällt auf, dass die Renditen in den Industrieländern (MSCI World und ACWI) in den letzten Jahren denen in den Schwellenländern (Emerging Markets) überlegen waren. Wenn du die Graphen mit dem zur Goldentwicklung von den Seiten zuvor vergleichst, wird dir auffallen, dass Gold 2024 bei 600 % lag und somit doppelt so hoch war wie der MSCI World. Du müsstest allerdings noch die gezahlten Dividenden von 2 bis

3 % pro Jahr bei den drei Indizes hinzuaddieren. Dann wird Gold in dem 20-jährigen Betrachtungszeitraum zwar immer noch vorne liegen, jedoch nicht mehr so deutlich, wie es die Graphen annehmen lassen. Das deckt sich mit den Ergebnissen von Kommer, der für den Zeitraum 2003 bis 2022 auf eine inflationsbereinigte Rendite pro Jahr von 6 % bei Aktien und 6,2 % bei Gold kommt.[72] Für den 20-Jahres-Zeitraum davor von 1983 bis 2002 lagen die Aktien bei 7,1 %, Gold hingegen bei -4,6 % (!). Es besteht kein Zweifel daran, dass die Anlageklasse Gold allein deutlich risikoreicher als ein breit diversifiziertes weltweites Aktienportfolio ist. Das wird insbesondere beim Betrachten der sehr langen Frist von 1900 bis 2022 deutlich, in der ein globales Aktieninvestment inflationsbereinigt 5 % pro Jahr und Gold 0,7 % pro Jahr einbrachte.[73]

Fazit

Das Kapitel hat gezeigt, dass sich mit einer Geldanlage allein auf dem Tagesgeld kein echter Vermögensaufbau betreiben lässt. Erst recht nicht, wenn man die Inflation, also den Kaufkraftverlust, berücksichtigt. Mit einem breit aufgestellten Aktiendepot ließen sich in den letzten Jahrzehnten, vor allem aber auch im zurückliegenden Jahrhundert, deutlich stärkere Wertzuwächse erzielen, und das, obwohl sogar zwei Weltkriege in den Betrachtungszeitraum fielen. Ein langfristiger Vermögensaufbau ohne die Anlageklasse Aktien ist daher praktisch nicht möglich.[74]

Um dich für den nächsten Aktiencrash zu wappnen, schauen wir abschließend auf die Wertentwicklung des MSCI World seit seiner Auflage im Jahr 1970 – also erneut über den längstmöglichen Zeitraum – und die darin enthaltenen Krisen:

Krisen am Beispiel des MSCI World von 1970 bis 2024. Eigene Darstellung.

Von der Auflage im Jahr 1970 mit 100 Punkten hat sich das Aktienbarometer auf 3500 Punkte im Jahr 2024 entwickelt, was einer Wertentwicklung von 3500 % entspricht – und das, obwohl es zwischendrin mehrere Crashs gab. Der erste größere Crash war das Platzen der sogenannten Dotcom-Blase in den Jahren 2000 bis 2002. Das Internet war damals noch recht neu und scheinbar gab es für alle Firmen, die irgendetwas mit Internet machten – also in der Regel eine Domain mit der Endung .com hatten –, nur eine Richtung, nämlich steil nach oben. Dies korrigierte sich während des Crashs. Unternehmen, die kein nachhaltiges Geschäftskonzept hatten, verschwanden durch Insolvenz vom Markt. Für Anleger bedeutete das bei einem breit gestreuten Investment in den MSCI World einen zeitweiligen Wertrückgang von ungefähr 50 % im Depot. Allerdings waren ETFs als Finanzprodukt damals noch nicht so verbreitet wie heute, sodass sich zu dieser Zeit viele Anleger mit Einzelaktien eingedeckt hatten und Verluste in ihrem Depot erlitten, die die 50 % deutlich überstiegen. Insbesondere dann, wenn sie das Branchenrisiko nicht bedacht hatten und ihr Depot mit Aktien aus dem Branchensegment „New Economy" übergewichtet hatten.

Ebenfalls circa 50 % Wertrückgang im Depot gab es für Anleger während der Immobilienkrise in den Jahren 2007 bis 2008, die sich später zur Finanzkrise ausweitete. Auslöser waren Immobilienkredite aus den USA, die von den Schuldnern nicht mehr bedient werden konnten. Das führte zunächst zu einem Einbruch am Immobilienmarkt. Zugleich waren die Immobilienkredite in komplexen Finanzprodukten verpackt, deren Verluste die Banken nicht mehr decken konnten. Das führte zum Zusammenbruch einiger Banken und machte die Rettung anderer systemrelevanter Banken durch die Staaten nötig. Danach ging es bis zur globalen Corona-Pandemie (2019 bis 2022) wieder steil nach oben zum aktuellen Rekordhoch.

Du solltest für dich mitnehmen, dass es schon immer Krisen gab, die sich auf den Aktienmarkt auswirkten. In der jeweiligen Krise mag es schwierig sein, wenn das Depot sich halbiert, einen kühlen Kopf zu bewahren und keine Panikverkäufe zum schlechtestmöglichen Zeitpunkt – nämlich am Tiefpunkt – auszuführen. Schließlich kann man nicht in die Zukunft schauen und wie wir sehen, dass der Graph nach einiger Zeit schon wieder steigen wird. Bevor du also ein Investment in den breit gestreuten Aktienmarkt in Erwägung ziehst, solltest du dich ehrlich fragen, ob du bei einem zeitweiligen Verlust von 50 % in deinem Depot immer noch ruhig schlafen kannst oder ob du damit aus unterschiedlichen Gründen nicht klarkämst.

Hier gibt es kein Richtig oder Falsch. Es geht allein um deine persönliche Risikobereitschaft. Anhand der aufgeführten Beispiele siehst du, dass es in den letzten 24 Jahren dreimal ordentlich an den Aktienmarkten gekracht hat. Du kannst dir also sicher sein, dass es in den nächsten Jahren und Jahrzehnten weitere solcher Crashs geben wird. Die Volatilität am Aktienmarkt ist der Hauptgrund, warum die Rendite an den Aktienmärkten der aller anderen Anlageklassen auf lange Sicht überlegen ist. Für diejenigen, die das aushalten können, gab es in der Vergangenheit Schmerzensgeld in Form von attraktiven Renditen.

Nachdem du nun alle Anlageklassen kennst, werden wir uns im nächsten Kapitel damit beschäftigen, was du bei deiner persönlichen Aufteilung auf die verschiedenen Anlageklassen beachten solltest.

4. Asset-Allokation – wie teile ich mein Vermögen auf?

Nun, wo du alle Anlageklassen kennst, wirst du deine erste Investmententscheidung treffen müssen, die dir keiner abnehmen kann. Du musst entscheiden, in welche Anlageklassen du investieren möchtest und welche du bewusst meidest – deine persönliche Asset-Allokation.

Hast du bereits Rücklagen, kannst du diese durch Einmalkäufe auf die verschiedenen Anlageklassen aufteilen. Bist du am Anfang deines Vermögensaufbaus, so kannst du mit monatlichen Sparbeiträgen in unterschiedlicher Höhe auf die Anlageklassen die Zusammensetzung steuern. Ich halte in jungen Jahren eine hohe Aktienquote von bis zu 80 oder 90 % für vertretbar, wenn man einen Anlagehorizont von mehr als zehn Jahren und einen sicheren Job hat und zudem damit leben kann, dass am nächsten Morgen das Aktiendepot im Minus sein könnte.[75]

Aus dem letzten Kapitel weißt du, dass eine möglichst breit gestreute Anlage auf verschiedenen Aktienmärkten dein Risiko deutlich reduziert. So ist es auch, wenn du dein Vermögen auf verschiedene Anlageklassen verteilst: Du erhältst eine noch größere Risikostreuung. Durch die Beimischung der Bausteine Liquidität und Gold kannst du die Volatilität – also die Schwankungen in deiner Geldanlage – senken. Dies liegt auch an der negativen Korrelation von Gold und den Aktienmärkten, da der Goldpreis üblicherweise steigt, wenn es an den Aktienmärkten turbulent wird, genauso aber fällt, wenn die Aktienkurse steigen. Damit geht zugleich eine Senkung der zu erwartenden Rendite einher, da diese bei abnehmender Volatilität geringer ausfällt.

Wem eine Aktienquote von 80 bis 90 % zu viel Risiko bedeutet, der könnte – nur um ein Beispiel zu nennen – 50 % in Aktien, weitere

30 % auf dem Tagesgeldkonto und 20 % in Gold investieren. Durch diese Zusammensetzung wäre das Gesamtportfolio zwar weniger ertragreich, dafür aber auch weniger volatil. Im nächsten Aktiencrash würde das Portfolio dieses Anlegers nur einen zeitweiligen Aktienverlust von 25 % erleiden – setzt man die maximalen Verluste der letzten drei großen Krisen aus dem vorherigen Kapitel voraus. Damit es bei dieser Zusammensetzung bleibt, sollte man sich einmal im Jahr hinsetzen und überprüfen, ob die ursprüngliche Aufteilung auf die Vermögensklassen noch gegeben ist oder sich diese verschoben hat (engl. rebalancing). Ist die Anlageklasse Aktien beispielsweise stärker gestiegen und macht nach einem Jahr 60 %, Tagesgeld und Gold jedoch machen nur noch 25 % beziehungsweise 15 % aus, solltest du 10 % deiner Aktien verkaufen und dadurch deine Bausteine Tagesgeld und Gold wieder auffüllen, um im nächsten Crash nicht einen größeren Wertverlust in deinem Depot zu haben, als von dir beabsichtigt.

Je näher man der Phase kommt, in der man das Geld abrufen möchte – häufig der Renteneintritt –, desto mehr sollte man sein Vermögen in weniger volatile Anlageklassen umschichten. Dann geht es als primäres Ziel nicht mehr um den in diesem Buch beschriebenen Vermögensaufbau, sondern um die Erhaltung des aufgebauten Vermögens. Gleiches gilt für Personen, die beabsichtigen, in den nächsten Jahren eine Wohnimmobilie zu kaufen. Soll eigenes Geld in die Finanzierung eingebracht werden, so sollte der risikobehaftete Teil des Portfolios stark reduziert sein, damit der Traum der eigenen Immobilie nicht an der nächsten Aktienkrise scheitert.

Manche raten zu einem Kryptoanteil im Portfolio von 5 bis 10 %, wiederum auf mehrere Kryptowährungen verteilt, andere zu einem Goldanteil von 10 bis 20 % und wieder andere zu ausreichender Liquidität von mindestens 20 %. Du musst dir Gedanken machen, ob und wie du dein Vermögen auf die einzelnen Anlageklassen verteilen möchtest und was am besten zu deinen Zielen passt. Auch innerhalb der Anlageklasse Aktien musst du dich entscheiden, ob du es bei einem ETF auf beispielsweise den MSCI World, den ACWI oder den Emerging Markets belässt oder ob du den MSCI World und den Emerging Markets in deinem selbst gewählten Verhältnis kaufst, um die Schwellenländer in deinem Aktienportfolio stärker zu gewichten. Durch das Hinzufügen von Kryptowährungen kannst du bewusst deine Volatilität und damit deine Chance auf Rendite erhöhen. Du solltest nur bedenken, dass es sich dabei um eine Chance und nicht um eine Garantie handelt. Durch ein möglichst volatiles Portfolio wirst du keine garantierten Gewinne einfahren.

Ganz gleich, für welche Aufteilung du dich entscheidest, dein Portfolio sollte stets aus einem risikolosen und einem risikobehafteten Teil bestehen. Zu Ersterem zählen Bargeld, Tagesgeld und Staatsanleihen. Diese ermöglichen dir, dass du jederzeit liquide Mittel hast, auf die du ohne Weiteres zugreifen kannst. Alle weiteren erläuterten Anlageklassen zählen zur zweiten Kategorie, die für die Rendite in deinem Portfolio verantwortlich ist. Die Entscheidung, die du heute triffst, sollte deine Strategie für die nächsten Jahre sein. Falls du dich also heute für eine hohe Aktienquote von 80 % entscheidest, halte an der Entscheidung im nächsten Börsencrash fest und ändere die Strategie nicht zum ungünstigsten Zeitpunkt durch Panikverkäufe. Denn wer im Crash verkauft, realisiert seine Verluste und wird es mit großer Wahrscheinlichkeit verpassen, rechtzeitig wieder zu investieren, um den Aufschwung mitzunehmen.

5. Zinseszinseffekt

Bisher sind wir beim Vergleich der Renditen aus Vereinfachungsgründen lediglich auf Einmalanlagen eingegangen, also Geld, das einmalig zu Beginn des gewählten Betrachtungszeitraums angelegt wurde. Spätestens durch die Einsparungen aus dem zweiten Teil des Buches bist du aber in der glücklichen Lage, nicht nur einmalig, sondern monatlich Sparraten zu investieren. Das hat zur Folge, dass der Zinseszinseffekt noch stärker eintritt, weil über die Jahrzehnte größere Geldsummen zusammenkommen, als du bei der Einmalanlage vermutlich stemmen könntest. Auch wenn du bei der Geldanlage in Aktien-ETFs keine klassischen Zinsen bekommst, so ist der Effekt auf Kurssteigerungen und Dividenden übertragbar, weshalb auch in diesem Kontext von einem Zinseszinseffekt gesprochen wird. Damit der Zinseszinseffekt, also die Verzinsung deiner Zinserträge aus vorherigen Perioden, besonders stark greift, sind drei Faktoren wichtig:

Zum einen gibt es den *Anlagebetrag*. Je größer dieser ist, desto höher sind die Zinsen, die du erhältst. Das potenziert sich durch den zweiten Faktor, die *Zeit*. Je länger du deiner Anlage Zeit gibst, desto mehr kann der Zinseszinseffekt für dich wirken. Der letzte Faktor ist schlussendlich der *Zinssatz* oder in unserem Fall die jährliche Rendite der Aktien-ETFs. Dadurch hast du bei 7 bis 9 % durchschnittlicher jährlicher Rendite in einem weltweiten Aktien-ETF selbstredend einen größeren Effekt als bei einem Tagesgeldkonto oder Sparbuch.

Gehen wir für das erste Szenario davon aus, dass Amir jeden Monat die 105 € investiert, die er durch die Optimierung seiner Verträge (vgl. Kapitel 2.7) erhalten hat. Er legt das Geld in einen weltweit gestreuten Aktien-ETF mit einer durchschnittlichen Rendite von 7 % (wir rechnen hier bewusst konservativ) und jährlichen Kosten von 0,2 % an. Im Kapitel 3.9 gehen wir näher auf die Kosten ein. In 45 Jahren hat Amir jährlich 1.200 €, also in Summe 54.000 € in seinen ETF eingezahlt. Nach Abzug der Kosten, der Kapitalertragsteuer und des Solidaritätszuschlags (vgl. Kapitel 3.7) erzielt Amir im Alter von 65 Jahren ein Gesamtvermögen inklusive seiner eingezahlten Beiträge von 300.000 €.[76] Im zweiten Szenario investiert Amir nicht bloß die eingesparten 100 € monatlich, sondern erhöht seinen Sparplan um weitere 100 € pro Monat, was zu einer Verdopplung seines Gesamtvermögens nach 45 Jahren auf 600.000 € führt.[77]

Acht Jahre später lernt Amir seine Freundin Lisa kennen. Lisa hatte sich bisher auf das Einsparen bei täglichen Ausgaben fokussiert. Durch die gemeinsamen Gespräche mit Amir ist auch sie von der Geldanlage in Aktien-ETFs überzeugt. Was glaubst du, wie viel Geld muss Lisa monatlich in den verbleibenden 37 Jahren sparen, um bis zu ihrem 65. Lebensjahr ebenfalls ein Vermögen in Höhe von 600.000 € angespart zu haben? Ich verrate es dir: 348 € muss Lisa jeden Monat sparen, also fast 150 € mehr als Amir, weil sie weniger Zeit hat, um vom Zinseszinseffekt zu profitieren.

Wie viel Geld kannst du langfristig monatlich sparen und wie viel Zeit hast du insgesamt zur Verfügung? Mit dem Fondsrechner von *zinsen-berechnen.de* aus der letzten Endnote kannst du selbst einmal dein persönliches Szenario ermitteln, indem du deine persönliche Sparrate und deinen Sparzeitraum einträgst. Dort habe ich die Zinssätze und Kosten bereits für dich hinterlegt.

Je früher du mit dem Investieren anfängst, desto länger kannst du vom Zinseszinseffekt profitieren. Daher mein Tipp an dich: Falls du zu dem Entschluss kommen solltest, dass auch du breit gestreut in Aktien investieren möchtest, fange so früh wie möglich damit an. Dies geht bei den allermeisten Brokern, den Vertragspartnern, bei denen du dein Depot hast, bereits ab 25 € pro Sparplanausführung, und das komplett kostenlos. Durch eine gute Auswahl (vgl. Kapitel 3.10) fallen weder Gebühren für die Ausführung des Sparplans noch für das Führen des Depots an.

Das Schöne an einem Investment in einen ETF ist, dass du über die komplette Laufzeit flexibel bleibst: Du kannst deinen Sparplan jederzeit erhöhen, reduzieren, aussetzen oder ganz löschen. Auch über das Geld in deinem ETF kannst du ohne das Einhalten einer Kündigungsfrist jederzeit verfügen und es dir teilweise oder komplett auszahlen lassen, auch wenn das vor allem in Krisenzeiten und vor dem Hintergrund des langfristigen Vermögensaufbaus nicht zu empfehlen ist.

Tipp: Mach es wie Amir und Lisa. Mache dich nicht allein auf den Weg, sondern sprich mit deinem Partner oder Freunden und Familie über deine Gedanken und Vorhaben. Lernt voneinander und lasst euch an euren Fehlern gegenseitig teilhaben. Bestimmt wirst auch du Fehler machen, das ist normal. Aber durch das Lesen dieses Buches und den Austausch mit anderen musst du nicht jeden Fehler selbst machen und dafür mit Zeit oder Geld bezahlen.

6. Auszahlungsplan – wie lange kann ich von meinem angesparten Vermögen leben?

Genauso flexibel wie in der Ansparphase bist du auch in der Auszahlungsphase. Der Vorteil eines ETF-Auszahlungsplans im Gegensatz zu einer Lebensversicherung ist, dass dir keiner eine lebenslange Rente garantiert. Was sich zunächst paradox anhört, wird spätestens auf den zweiten Blick deutlich einleuchtender. Garantien kosten immer Geld. Wenn dir eine Rentenversicherung eine bestimmte lebenslange Rente zusichert, dann macht sie dies, indem sie Statistiken zur zukünftigen Lebenserwartung heranzieht. Kommt dabei heraus, dass die Menschen durchschnittlich 20 Jahre nach Renteneintritt noch Rente beziehen, so wird die Versicherung mit einem Sicherheitspuffer kalkulieren. Dadurch erzielt sie für den Fall, dass sich die Lebenserwartung der Menschen – beispielsweise durch medizinische Innovation – verlängert, dennoch Gewinne. Gehen wir in unserem Beispiel davon aus, dass ein Versicherter 30 Jahre eine Rente der Lebensversicherung beziehen müsste, um seine eingezahlten Beiträge zurückzuerhalten. Verstirbt der Versicherte jedoch bereits nach 15 Jahren, so spart die Versicherung von da an das Auszahlen der monatlichen Beträge. Mit deinem persönlichen Auszahlungsplan aus deinem ETF-Depot kannst du deine monatliche Zusatzrente aber genauso gut selbst in die Hand nehmen.

Kommen wir zurück zu Amir und Lisa, die mit ihren je 600.000 € auf ein Gesamtvermögen von 1.200.000 € kommen. Sie sind nicht nur Millionäre geworden, sondern können es sich auch leisten, früher mit Abschlägen in Rente zu gehen. Statt mit aktuell 67 gehen sie bereits mit 65 Jahren in den wohlverdienten Ruhestand. Neben ihren gesetzlichen Renten wollen sie sich das Geld aus dem ETF-Depot monatlich auszahlen lassen. Um die Schwankungen in ihrem Depot zu reduzieren, haben beide im Alter den Aktienanteil zugunsten von Edelmetallen, Tages- und Festgeldern vermindert. Durch den Zusatz an Sicherheit büßen die beiden zwar Rendite ein, das ist ihnen aber deutlich lieber, als in einem Aktien-Crash auf das Geld angewiesen zu sein und deshalb zu Tiefpunkten verkaufen zu müssen.

Gehen wir durch die Umschichtung des Vermögens in der Abrufphase von einer durchschnittlichen Rendite von 4 % anstelle der bisherigen 7 % aus der Phase des Vermögensaufbaus aus. Aufgrund des medizinischen Fortschritts rechnen wir mit dem „schlimmsten“ Fall, in dem die beiden 100 Jahre alt werden, also 35 Jahre von ihrem Kapital zehren müssen. Zusammen können sie sich monatlich über eine Zusatzrente von 4.587 € freuen.[78] Die beiden werden keine Rentenlücke haben und können den guten Lebensstil, den sie in den Jahren der Ansparphase genossen, bis zum Lebensende fortführen.

Anknüpfend an dein Szenario kannst auch du für dich berechnen, auf wie viel Zusatzrente du dich einstellen kannst. Nutze dazu den Rechner zum „Entnahmeplan“ von *zinsen-berechnen.de*. In der letzten Endnote habe ich dir bereits die Zinssätze hinterlegt. In deinem Szenario kannst du auch berücksichtigen, dir nicht den kompletten angesparten Betrag monatlich auszahlen zu lassen, sondern stattdessen zu Beginn beispielsweise 30.000 € für eine Weltreise zu entnehmen. Alternativ kannst du ermitteln, wie viele Jahre du auskommst, wenn du dir eine bestimmte monatliche Rente auszahlen lässt. Das Schöne ist, die Entscheidung musst du nicht schon heute treffen. Stattdessen wartest du einige Jahre, respektive Jahrzehnte und kannst bis dahin eingetretene Entwicklungen berücksichtigen, wie beispielsweise höhere Einzahlungen durch Einkommenssprünge oder Ausgaben für Kinder oder Enkelkinder.

7. Steuerliche Behandlung von Geldanlagen

Grundsätzlich sind in Deutschland alle Einkünfte, die du erzielst, steuerpflichtig. Das gilt auch für Zinsen aus Geldanlagen, Dividenden von Aktien oder Gewinne durch die Veräußerung von Wertpapieren. Hier fällt die Kapitalertragssteuer in Höhe von 25 % zzgl. Solidaritätszuschlag in Höhe von 5,5 % an. Letztere wird jedoch zum Glück nicht von deinem Gewinn ermittelt, sondern von der gezahlten Kapitalertragssteuer. Das bedeutet, dass kumulativ 26,375 % deiner Gewinne an den Staat fließen. Diese 26,375 % sind bereits in allen Berechnungen dieses Buches enthalten. Bist du Mitglied in einer christlichen Kirche, kommen je nach Bundesland weitere 8 bis 9 % Kirchensteuer hinzu, die ebenfalls vom gezahlten Betrag der Kapitalertragssteuer errechnet werden. Bei 9 % Kirchensteuer würden insgesamt 28,625 % an Steuern und Solidaritätszuschlag abfließen. So viel zu den schlechten Nachrichten, nun habe ich aber noch zwei richtig gute Botschaften für dich.

Seit dem 1. Januar 2023 gibt es einen erhöhten Sparerfreibetrag von 1.000 € pro Person. Bei verheirateten Paaren sind es demnach 2.000 €. Diesen Betrag darfst du mit Kapitalanlagen pro Jahr verdienen, ohne dass Geld an den Fiskus fließt. Da es sich bei der Kapitalertragssteuer um eine Pauschalsteuer handelt, die jeder Mensch unabhängig vom Einkommen in gleicher Höhe entrichtet, wird diese sofort von den Banken und Versicherungen einbehalten und an den Staat abgeführt. Zu all deinen Konten und Depots bekommst du automatisch eine Jahresbescheinigung zugeschickt. Im Rahmen der Einkommenssteuererklärung kannst du die darin übermittelten Werte in die Anlage KAP eintragen und bekommst zu viel gezahlte Kapitalertragssteuer bis zum Freibetrag von 1.000 € bei Alleinstehenden oder 2.000 € bei verheirateten Paaren zurückerstattet.

Geschickter ist es, wenn du vor der Fälligkeit einer Zinszahlung oder eines Wertpapiergewinns deiner Depotbank einen sogenannten Freistellungsauftrag erteilst.

Du könntest zum Beispiel deinen kompletten Freistellungauftrag bei Bank A erteilen. Dann würden erst die Beträge, die über 1.000 € hinausgehen, mit der Kapitalertragssteuer, dem Solidaritätsbeitrag und gegebenenfalls der Kirchensteuer belastet werden und alles darunter würde direkt an dich ausgezahlt werden. Alternativ kannst du deinen Freistellungsauftrag auch in beliebiger Höhe auf mehrere Banken, Versicherungen oder Bausparkassen verteilen. Bei der Erteilung der Freistellungsaufträge sicherst du unter Angabe deiner Steueridentifikationsnummer und Unterschrift zu, dass du maximal 1.000 € bei verschiedenen Unternehmen freigestellt hast. Falls das für dich zutrifft, empfehle ich dir, in einer Excel-Tabelle nachzuhalten, wo du welchen Betrag freigestellt hast. Glaube mir, dass erleichtert dir später einiges, falls du an einer Stelle aufgrund einer größeren Fälligkeit den Freistellungsauftrag einmal nach oben und an anderer Stelle dafür nach unten korrigieren musst.

Die zweite gute Nachricht, die ich dir noch schuldig bin, macht die Anlageklasse Aktien noch attraktiver im Vergleich zu anderen Anlageformen. Bei Aktien musst du nämlich nur 70 % deiner Erträge versteuern und die restlichen 30 % werden freigestellt (sogenannte Teilfreistellung seit der Investmentsteuerreform 2018). Diese Teilfreistellung gilt auch für ETFs, wenn diese mindestens eine Aktienquote von 51 % haben – was alle in diesem Buch behandelten ETFs einschließt, da sie zu 100 % aus Aktien bestehen. Mithilfe des Dreisatzes können wir nun herleiten, ab welchem Betrag du steuerpflichtig wirst:

70 % ≙ 1.000 €
1 % ≙ 14,2857 €
100 % ≙ 1.428,57 €

Erst ab einem ausgezahlten Gewinn aus ETF-Verkäufen von mehr als 1.428,57 € müsstest du auf den darüber hinausgehenden Betrag Abgaben leisten. Bei verheirateten Paaren gilt das demnach erst ab 2.857,14 €.

Nichtveranlagungsbescheinigung

Eine Nichtveranlagungsbescheinigung (kurz NV-Bescheinigung) wird vom zuständigen Finanzamt ausgegeben und bescheinigt, dass keine Einkommenssteuer gezahlt wird. Dies ist dann der Fall, wenn das zu versteuernde Einkommen unter dem Grundfreibetrag liegt, den das Bundesfinanzministerium regelmäßig an die aktuellen Lebenshaltungskosten anpasst. Für 2025 liegt dieser Grundfreibetrag bei 12.084 €. Wenn die Einnahmen den Betrag übersteigen, widerruft das Finanzamt die NV-Bescheinigung, die ansonsten für maximal drei Jahre gültig ist und dann erneut beantragt werden muss. Die NV-Bescheinigung kann anstelle eines Freistellungsauftrags bei Banken eingereicht werden, was dazu führt, dass auch alle Zins- oder Dividendenerträge, die über den Freibetrag von 1.000 € hinausgehen, steuerfrei bleiben. Für Kinder, Studenten und Rentner mit geringen Einnahmen, aber hohen Zinszahlungen oder Erträgen in den Depots kann die Beantragung einer NV-Bescheinigung also Sinn ergeben.

Vorabpauschale und Basisertrag

Früher wurde die Kapitalertragssteuer oder Abgeltungssteuer erst dann fällig, wenn Geld beim Investor auf dem Konto landete. Sei es durch ausgeschüttete Dividenden oder durch Verkäufe von Anteilen und daraus resultierenden Gewinnen. Im Zuge der Investmentsteuerreform wurde zum 1. Januar 2018 die sogenannte Vorabpauschale eingeführt. Sie sorgt dafür, dass der Staat schneller sein Geld bekommt, und verhindert zudem Steuerstundungseffekte. Dazu wird mit der folgenden Formel der sogenannte Basisertrag ermittelt:

*Basisertrag = Depotbestand zum 01.01. * 0,7 * Basiszins*

Die 0,7 geben einen Faktor an, der nicht mit den 30 % Teilfreistellung aus dem vorherigen Kapitel in Zusammenhang steht. Der

Basiszins wird halbjährlich von der Bundesbank angepasst und gibt an, welchen Zins ein Anleger bei einer risikolosen Anlage erhalten würde. Da der Zinssatz vom 01.01.2013 bis zum 01.01.2024 negativ war, war die Ermittlung des Basisertrags lange Zeit hinfällig. Zum 01.01.2024 wurde der Basiszins nun erstmals wieder positiv und beträgt nach zunächst 3,62 % seit dem 01.07.2024 3,37 %. Für die weitere Betrachtung vereinfachen wir es uns etwas und gehen von einem Depot mit einem Bestand zum 01.01. eines Jahres von 10.000 € aus, das nicht weiter bespart wird. Nach Einsetzen in die Formel erhalten wir folgendes Ergebnis:

*Basisertrag = 10.000 € * 0,7 * 3,37 %*
Basisertrag = 235,90 €

Am Ende des Jahres weist das Depot einen Bestand von 10.500 € auf, hat also um 500 € im Wert zugelegt. Da der Basisertrag mit 235,90 € *kleiner* als die Wertsteigerung ist, gilt diese zugleich als Vorabpauschale. Auch hier greift die 70-prozentige Teilfreistellung, sodass sich folgende Rechnung ergibt:

*Vorabpauschale = 235,90 € (Basisertrag) * 70 % (Teilfreistellung) * 26,375 % (Abgeltungssteuer + Soli)*
Vorabpauschale = 43,55 €

Der steuerliche Freistellungsauftrag würde in diesem Beispiel mit 43,55 € in Anspruch genommen werden. Wurde kein Freistellungsauftrag gestellt oder dieser bereits ausgeschöpft, würde die Depotbank die 43,55 € an das Finanzamt überweisen.

Gehen wir für den zweiten Fall davon aus, dass dein ETF am Ende des Jahres nur einen Wertzuwachs von 50 € erzielt hat. Da der Basisertrag *größer* als die Wertsteigerung ist, wird die Vorabpauschale lediglich von den 50 € Wertsteigerung berechnet, sodass sich hieraus die folgende Rechnung ergibt:

*Vorabpauschale = 50 € (Wertsteigerung) * 70 % (Teilfreistellung) * 26,375 % (Abgeltungssteuer + Soli)*
Vorabpauschale = 9,23 €

Der steuerliche Freistellungsauftrag würde in diesem Fall mit 9,23 € in Anspruch genommen werden. Analog zur ersten Berechnung würde auch hier nur Geld an das Finanzamt fließen, wenn kein Freistellungsauftrag gestellt oder dieser bereits ausgeschöpft wurde. Für den Fall, dass dein ETF keine Wertsteigerung oder sogar einen Verlust eingefahren hat, wird im Übrigen keine Vorabpauschale fällig, unabhängig von einem eventuell ermittelten Basisertrag.

Bei ausschüttenden ETFs (vgl. nächstes Kapitel) werden für die Ermittlung der Vorabpauschale die Dividenden zu den Kurszuwächsen hinzuaddiert. Im folgenden Beispiel hat der ETF neben den 50 € Kurszuwachs noch 30 € an Dividenden ausgeschüttet. Daraus ergibt sich:

*Vorabpauschale = 80 € (Wertsteigerung + Dividenden) * 70 % (Teilfreistellung) * 26,375 % (Abgeltungssteuer + Soli)*
Vorabpauschale = 14,77 €

Die gute Nachricht lautet, dass nun bereits ein Teil der Steuerlast abgegolten ist. Die gesamten Vorabpauschalen, die während deiner Haltezeit des ETFs angesetzt wurden, werden auf deinen späteren Verkaufserlös angerechnet. Von alldem, was du in diesem Kapitel gelesen hast, bekommst du in der Praxis nichts mit, weil deine Depotbank dies automatisch ermittelt.

Halte dir positiv vor Augen, dass nur dann Steuern anfallen, wenn du auch tatsächlich Kurszuwächse erzielst, Dividenden erhältst oder Gewinne realisierst. Außerdem wird die Steuerlast immer erst mit dem Freistellungsauftrag abgeglichen. Denk also unbedingt daran, diesen bei deinen Banken zu hinterlegen. In der Realität bedeutet das, dass, wenn du mit dem Vermögensaufbau beginnst, du in den ersten Jahren keine Steuern zahlen wirst. Im nächsten Kapitel schauen wir uns nun an, was das für die Wahl deines ETFs bedeutet.

Thesaurierer oder Ausschütter

Auch wenn es ähnlich klingt, beim Thesaurierer handelt es sich nicht um eine Urzeitechse aus dem neuesten Jurassic-World-Film. Es handelt sich vielmehr um eine Möglichkeit, wie mit den Erträgen, die der ETF erwirtschaftet, umgegangen werden soll. Wie du bereits weißt, kannst du bei Aktien und ETFs auf zwei Arten am Unternehmenserfolg teilhaben: durch den Kurszuwachs und die Ausschüttungen von Dividenden. Bei einem ausschüttenden ETF werden die Dividenden, wie der Name schon sagt, an dich ausgeschüttet und dir auf deinem Konto gutgeschrieben. Von dort aus kannst du dann selbst entscheiden, ob du das Geld konsumierst oder wieder anlegst. Ein thesaurierender ETF legt die Dividendenzahlungen automatisch und kostenlos wieder für dich an, was dazu führt, dass dein Depot schneller wächst und du daher stärker vom Zinseszinseffekt profitierst. Die in diesem Buch beschrieben ETFs gibt es alle sowohl in der thesaurierenden als auch in der ausschüttenden Variante.

Wenn dein Ziel der langfristige Vermögensaufbau ist und du möglichst wenig Arbeit haben möchtest, greif zu einem thesaurierenden ETF. Diesen legst du einmal an und richtest einen monatlichen Sparplan ein. Von da an hast du keine weitere Arbeit. Mit einem ausschüttenden ETF kannst du deine Steuerlast etwas optimieren, indem du deinen jährlichen Freistellungsauftrag besser ausnutzt. Das geht, indem die jährlich ausgezahlten Dividenden mit deinem jährlichen Freistellungsauftrag verrechnet werden. Solange du weniger als 1.428,57 € an Dividenden erhältst, zahlst du keine Steuern.

Wichtig ist in diesem Szenario, dass das ausgeschüttete Geld wie beim thesaurierenden ETF wieder investiert wird. Dies kannst du entweder selbst erledigen, indem du dich bei den Ausschüttungsterminen in dein Depot einloggst und die Ausschüttungen reinvestierst, oder du wählst eine Depotbank, die das für dich automatisch erledigt. Bei Erscheinen dieses Buches gibt es drei Depotanbieter, die die ausgeschütteten Erträge für den Kunden automatisiert wiederanlegen. Das Depot der *ING* ist für Einsteiger unattraktiv, da es zum einen erst ab 75 € Erträge automatisch reinvestiert und dann auch nur zu saftigen Kosten in Höhe von 1,75 % des Wiederanlagewerts. Besser macht es *Flatex*, wo die Wiederanlage kostenlos, jedoch auch erst ab einem Wert von 25 € möglich ist. Bei der *Consorsbank* geschieht die Wiederanlage auch in kleinerer Höhe und, solange der Sparplan keine Kosten hat, sogar ohne Gebühren. In Kapitel 3.9 zeige ich dir, wie man kostenlose Sparpläne findet und auswählt. In Kapitel 3.10 schauen wir uns zudem verschiedene Depots an, die sich für die Anlage deines Sparplans eignen. Ich halte es daher für verfrüht, sich jetzt bei der Auswahl des Depots aufgrund der kostenlosen Wiederanlage schon auf eine Bank festzulegen. Aber du hast nun im Hinterkopf, dass es diese Möglichkeit gibt.

Ein weiterer Aspekt, den du bei der Steueroptimierung berücksichtigen solltest, sind die Kosten der ETFs. Diese sind bei ausschüttenden ETFs in der Regel um 0,3 Prozentpunkte höher als bei thesaurierenden ETFs. Wenn du dich an Amir und Lisa zurückerinnerst, die zu ihrem Renteneintritt einen Depotwert von 1.200.000 € haben, machen die 0,3 % 3.600 € im letzten Jahr aus. Zielführender als die Steueroptimierung in der Ansparphase halte ich daher die von Finanztip entdeckte „3x10-Strategie" in der Auszahlungsphase.[79] Beim Verkauf der ETF-Anteile werden schließlich noch die Anteile besteuert, für die bisher keine Vorabpauschale geflossen ist. Das geschieht leider nach dem für den Investor ungünstigen Fifo-Prinzip. Fifo steht für „first in, first out" und bedeutet, dass die Anteile, die du zuerst von deinem ETF erworben hast, auch zuerst verkauft werden. Das ist insofern ärgerlich, als die zuerst erworbenen Anteile nach beispielsweise 30 Jahren einen viel größeren Kurszuwachs erfahren haben als die,

die du erst vor 20 Jahren oder zehn Jahren erworben hast. Daher empfiehlt Finanztip, vor dem Hintergrund der aktuellen Steuergesetzgebung, alle zehn Jahre den ETF, der bespart wird, zu wechseln, sodass du, wenn du deine ETF-Anteile verkaufen möchtest, drei verschiedene ETFs in deinem Depot hast. Benötigst du nun Geld, verkaufst du erst Anteile von dem ETF, den du die letzten zehn Jahre bespart hast. Dieser hat im Vergleich zu den anderen beiden ETFs aufgrund der Laufzeit die geringsten Kurssteigerungen gemacht, weshalb deine Steuerlast am geringsten ist. Diese Strategie kannst du noch weiter anpassen in beispielsweise vier ETFs, die für zehn Jahre, oder acht ETFs, die für je fünf Jahre bespart werden.

Aller Steueroptimierung zum Trotz, wichtig ist das Anfangen. Mach es dir bei der Geldanlage so einfach wie möglich und dich erst einmal auf den Weg. Du hast während des Ansparens noch genug Zeit und Gelegenheiten für Feinoptimierungen.

8. Passives statt aktives Investieren

Beim Investieren in ETFs auf die breit gestreuten Aktienindizes, wie den MSCI World, den ACWI oder den Emerging Markets, handelt es sich um sogenanntes passives Investieren. Im Gegensatz zum aktiven Investieren wählst du keine Einzelaktien aus, in die du investierst, sondern kaufst einfach die im Index enthaltenen Aktien. Laufen diese Aktien gut, verbleiben sie im Index und nehmen sogar an Gewichtung zu. Laufen sie hingegen schlecht, werden sie aus dem Index aussortiert und ein anderes, vielversprechenderes Unternehmen erhält den Platz. Das geschieht automatisch, ohne dass du aktive Entscheidungen treffen musst, wann du dich von einer bestimmten Aktie trennst oder eine andere kaufst. In diesem Kapitel werden wir uns damit beschäftigen, warum das passive Investieren dem aktiven Investieren auf lange Sicht überlegen ist.

Steuervorteile durch Buy-and-hold

Buy-and-hold bedeutet, dass einmal gekaufte Anteile möglichst lange gehalten und im Depot belassen werden. Dabei ist es unerheblich, ob eine Einmalsumme oder monatliche Beiträge investiert werden. Durch das langfristige Halten der Anteile ergeben sich für den Anleger erhebliche Steuervorteile, da bei über die Jahre zu erwartenden starken Kurssteigerungen keine Steuern auf diese Kurssteigerungen, sondern lediglich die Vorabpauschale mit der Formel zum Basisertrag ermittelt wird (vgl. Kapitel 3.7). Würde der Anleger vorzeitig verkaufen, müsste jedoch die gesamte erzielte Kurssteigerung versteuert werden. Der Buy-and-hold-Ansatz sorgt dafür, dass ein Teil der Steuerpflicht erst später beim Verkauf der Anteile fällig wird und die unversteuerten Anteile bis zum Verkauf weiter an der Entwicklung des Aktienmarkts teilnehmen und sich verzinsen. Über mehrere Jahre sollte hier der Zinseszinseffekt nicht unterschätzt werden (vgl. Kapitel 3.5).

Geringere Transaktionskosten

Neben dem steuersparenden Effekt hat das langfristige Halten von Investments noch viele weitere Vorteile. Dadurch, dass du nur einmal kaufst und nicht laufend kaufst und wieder verkaufst, sind die Transaktionskosten deutlich geringer. Denn häufig geht das Ausführen einer sogenannten Order mit Gebühren einher (vgl. Kapitel 3.10). Zwar bieten inzwischen einige Depotanbieter kostenlose Transaktionen an, allerdings sind diese meist an Bedingungen geknüpft und schließen den Unterschied zwischen Kauf- und Verkaufskurs nicht mit ein. Bei einem Kauf zahlt der Anleger für die Anteile etwas mehr, bei einem Verkauf erhält der Anleger etwas weniger. Im Fachjargon spricht man von Geldkurs (= Kaufkurs) und Briefkurs (= Verkaufskurs). Die Differenz, die dabei entsteht, die sogenannte Geld-Brief-Spanne (engl. spread), liegt zwar meistens nur in den Nachkommastellen, kann sich durch häufiges Kaufen und Verkaufen aber aufsummieren. Der Spread ist die Marge, die die Börsen und Depotanbieter für sich einbehalten. Ein Kauf ist also niemals ganz kostenlos, selbst wenn du bei deinem Depotanbieter für 0 € handeln kannst. Anders ausgedrückt: Je mehr du handelst (engl. trading), desto höher sind deine Transaktionskosten.

Auslassen von Performance-Chasing

Wenn du deine Anteile hältst, liegt ein weiterer Vorteil darin, dass du weniger anfällig für sogenanntes Performance-Chasing bist. Beim Performance-Chasing „rennen“ Anleger einer vergangenen Rendite hinterher, weil sie glauben, dass sich die Anlage genauso weiterentwickelt, wenn sie einsteigen. Es ist wie in der Geschichte mit dem Hasen und dem Igel. Dieses Rennen kann der Anleger genauso wenig wie der Hase für sich entscheiden. Verdeutlichen wir uns das an einem Beispiel: Amir bekommt von seinem Freund Max einen Zeitungsartikel zugeschickt, in dem steht, dass Gold in den letzten Monaten historisch hohe Renditen gebracht hat. Max möchte daran teilhaben, deswegen wirft er seine bisherige Anlagestrategie über den Haufen und verkauft seine ETF-Anteile. Das frei gewordene Geld investiert er in einen ETC auf physisch hinterlegtes Gold.

Amir hat den Artikel gelesen und bleibt skeptisch. Er ist mit seiner getroffenen Investmententscheidung in ein global diversifiziertes Aktienportfolio immer noch zufrieden und glaubt an die langfristige Überlegenheit dieser Strategie. Nachdem Max eingestiegen ist, steigen die Goldkurse noch leicht an, bevor sie zunächst stagnieren und nach einiger Zeit fallen. Bei stark steigenden Kursen, ganz gleich welcher Anlageklasse, kommt es unweigerlich immer zu sogenannten Kurskorrekturen, das bedeutet, es gibt Kursrücksetzer und es bildet sich ein realistischer Marktpreis. Einhergehend mit dem Fallen der Goldkurse steigen die Aktienkurse an den globalen Aktienmärkten wieder an. Während Amir durch Nichtstun von seiner langfristig getroffenen Investmententscheidung profitiert, hat Max durch den kurzfristig orientierten Wechsel die Wertentwicklung am globalen Aktienmarkt verpasst und somit Rendite verloren. Er hat nicht nur zweimal Transaktionskosten für den Verkauf des ETFs und den Kauf des Goldes gezahlt, sondern er erleidet zudem einen Wertverlust mit seinem Gold-Investment. Ändert Max nun erneut seine Strategie, um von Gold auf Aktien umzuschwenken, fallen wieder Transaktionskosten an. Zudem kauft er durch den gestiegenen Aktienkurs zu einem höheren Kurs als zu demjenigen, bei dem er ausgestiegen ist. Hinzu kommt, dass er durch die Geld-Brief-Spanne immer zu schlechteren Kursen verkauft und kauft. Die Börse kennt dafür das einfache Sprichwort: „Hin und her macht Taschen leer." Ganz egal, für welchen Weg des Investierens du dich entscheidest, du solltest deine Entscheidung immer auf lange Sicht fällen, beurteilen und daran festhalten.

Leider gibt es in den Finanzmedien oder Social-Media-Kanälen häufig Beiträge, die dir etwas über neue Trendprodukte, historische oder einmalige Chancen erzählen. Hier muss dir bewusst sein, dass passives Investieren kein Hexenwerk ist. Dir wird dieses eine Buch reichen, um dein Geld in ETFs anlegen zu können. Vielleicht wirst du noch weitere lesen, aber der Wissenszuwachs wird mit jedem weiteren Buch, das du zu dem Thema liest, abnehmen. Einfach weil du irgendwann alles schon einmal an anderer Stelle gelesen, gehört oder gesehen haben wirst. Medien, die ihr Geld mit dem Verkauf von Zeitschriften oder dem Schalten von Werbung verdienen, müssen Anlegern aber zumindest das Gefühl eines Mehrwertes geben, damit sie gekauft oder geklickt werden. Kommer verwendet hierfür den treffenden Begriff der „Investmentpornographie".[80] Wenn du das nächste Mal eine aufsehenerregende Schlagzeile liest, solltest du das gerade Gelesene bei der Bewertung der neuen Information berücksichtigen.

Investments, die keine mindestens 10-jährigen und objektiv ermittelten Daten bieten, sollten unberücksichtigt bleiben. Du kannst dir, wenn du magst, die nächsten „Megatrends", von denen du lesen wirst, als Eintrag in deinem Handy festhalten und sie mit Datum versehen. Schau dann mal in den nächsten Jahren, wie viel von dem „Megatrend" übrig geblieben ist und wie die tatsächliche Rendite im zurückliegenden Zeitraum war.

Unmöglichkeit von Market-Timing

Kommen wir zum nächsten Pluspunkt für passives Investieren, dem Wegfall von Timing. Im Beispiel von Max und Amir ist der Goldkurs nach Max' Einstieg nach einiger Zeit gefallen. Genauso gut hätte er noch ein paar Monate weiter steigen oder sofort fallen können. Auch der ETF-Kurs von Amir hätte noch monatelang stagnieren können, bevor er wieder steigt oder gar fällt. Das Problem ist: Niemand hat die Glaskugel zu Hause, in die er oder sie schauen kann, um zu sehen, welches Investment das beste für die nächste Zeit ist. Es ist unmöglich, Krisen oder gar Kriege vorherzusehen und seine Investmentscheidungen danach zu „timen". Wenn es gelingt, dann einzig und allein zufällig.

Je länger du eine Anlage hältst, desto unwichtiger wird jedoch der Zeitpunkt beziehungsweise Kurs, zu dem du gekauft hast, da die langfristige Renditeerwartung wie unter Kapitel 3.3 dargestellt positiv ist. Das gilt für den Beginn eines Sparplans noch einmal mehr als für Einmalinvestments höherer Beträge. Durch passives Buy-and-hold verringerst du nicht nur die Möglichkeit, Investments falsch zu timen. Du sparst dir auch noch jede Menge Zeit für die Recherche nach dem „optimalen" Zeitpunkt. Stell dir einmal vor, du wärst in der Situation von Max und würdest gerne von einem globalen Aktien-ETF dein Vermögen in Gold umschichten. So wirst du dir vermutlich längere Zeit Gedanken machen, zu welchem Kurs du deine ETF-Anteile verkaufen möchtest, und die Märkte beobachten. Der Kurs für deinen ETF steht aktuell etwa bei 78,53 €, war kürzlich jedoch noch bei 79,26 €. Für die meisten Anleger ist es nun psychologisch schwierig, zum geringeren Kurs zu verkaufen. Vor Kurzem hätten sie schließlich noch mehr Geld für ihre Anteile bekommen. Du nimmst dir also vor, zu warten, bis der Kurs wieder bei 79,26 € ist, um dann deine Anteile zu verkaufen. Der Kurs steigt auch wieder auf 78,97 €, bevor er jedoch wieder fällt; dieses Mal auf 78,24 €. Nach einigen Tagen verkaufst du zähneknirschend für 78,29 €, also um 0,31 Prozentpunkte schlechter im Vergleich zum Kurs von 78,53 € (Rechenweg: (78,53 € – 78,59 €) / 78,53 € * 100 = 0,31 %).

Gleiches gilt für den Kauf von Gold: Gehen wir davon aus, dass du Gold als ETC in Form von EUWAX Gold II (WKN EWG2LD) kaufen möchtest, um deine Transaktionskosten gering zu halten und das Gold nicht selbst lagern zu müssen (vgl. Kapitel 3.3). Als du zum ersten Mal vom „Megatrend" Gold liest, ist der Kurs bei 57,38 €. Während du auf den richtigen Moment für den Verkauf deines ETFs wartest, beläuft sich der Goldkurs auf 72,20 €, um danach auf 74,50 € anzusteigen. Aus Angst, nicht noch mehr Rendite zu verpassen, investierst du das Geld nun zu diesem Kurs. Durch den Timing-Versuch beim ETF-Verkauf hast du durch den späteren Einstieg bei Gold zu einem um 2,30 € höheren Kurs gekauft und 2,77 % Rendite „verschenkt" (Rechenweg: 2,30 € / 72,20 € * 100 =

2,77 %). Im dargestellten Beispiel hat der Versuch des Timings dich kumuliert 3,08 % an Rendite gekostet (0,31 % + 2,77 %).

Wenn ich von den meisten Anlegern spreche, dann schließe ich mich da ausdrücklich mit ein. Ähnlich wie im geschilderten Fall ist es mir auch schon ergangen. Im Kapitel 3.12 werde ich dich an einigen meiner Investmentfehler teilhaben lassen in der Hoffnung, dass du sie nicht (alle) wiederholen musst.

Kommen wir nun zurück zu unserem Beispiel: Das tage- oder wochenlange Kursbeobachten hat dich Zeit gekostet. Zum einen Zeit, um regelmäßig die Kurse abzurufen, und zum anderen Zeit, in der du gegrübelt hast, zu welchem Kurs du denn nun verkaufen oder kaufen solltest. Diese Zeit hättest du sinnvoller oder schöner mit dem Lesen eines Buchs, im Zusammensein mit dem Partner oder der Familie oder spielend an der Konsole verbringen können. Drehen wir den Fall spaßeshalber einmal ins Positive: Durch Glück hattest du ein gutes Timing bei der Umschichtung deines Portfolios und hast nicht –3,08 % Rendite, sondern +3,08 % Rendite erzielt. Bei einem Betrag von 1.000 € ergibt das eine Mehrrendite von 30,80 €. Fraglich, ob dieser Betrag die tage- oder wochenlange Beschäftigung rechtfertigt. Spätestens auf 10-, 20- oder 30-Jahres-Sicht würdest du nicht immer so viel Glück haben und hinter die Marktrendite eines passiven Buy-and-hold-Anlegers zurückfallen.

Starinvestoren und Börsenlegenden

Als häufiges Argument gegen passives Investieren wird angeführt, dass es einige wenige Leute wie beispielsweise Börsenlegende Warren Buffet gibt, die durch aktives Investieren, also die Einzelauswahl von Aktien und deren rechtzeitigen Kauf und Verkauf, den Markt über mehrere Jahrzehnte geschlagen, also eine höhere Rendite erzielt, haben. Die Fragen, die du dir stellen musst, wenn du ebenfalls zum Lager der aktiven Investoren gehören möchtest, lauten:

- Wieso sollte es mir gelingen, ebenfalls den Markt zu schlagen?
- Was befähigt mich dazu?
- Bin ich bereit, den gleichen zeitlichen und monetären Aufwand zu betreiben?

Ich kann die letzte Frage für mich eindeutig mit Nein beantworten. Viel entscheidender ist jedoch die Frage – immer noch unter der Annahme, dass es möglich ist, als kleiner Privatinvestor den Markt zu schlagen –: Hat es sich für mich gelohnt?

Nehmen wir an, dass es nur sechs Stunden an zeitlichem Aufwand pro Werktag bedarf, um den Markt langfristig um 2 % zu schlagen. Bei einem Depot von 100.000 € käme man pro Jahr auf eine Mehrrendite von 2.000 € bei gleichzeitigem Einsatz von 1.560 Stunden (Rechenweg: 6 Stunden pro Tag * 5 Werktage * 52 Wochen im Jahr) für die Analyse von Unternehmenskennzahlen, das Recherchieren von Marktchancen und das Kaufen und Verkaufen von Aktien. Das ergibt einen Stundenlohn von 1,28 €, also eine fast 10-fache Unterschreitung des Mindestlohns von 12,82 € im Jahr 2025, wobei Steuern, die durch den vorzeitigen Verkauf fällig werden, und Transaktionskosten noch nicht mitgerechnet wurden. Zum Vergleich: Als passiver Investor habe ich (fast) gar keine Arbeitsstunden, die ich investieren muss.

Insbesondere bei kleinen Depots ergibt es demnach keinen Sinn, zu versuchen, den Markt zu schlagen, weil die investierte Zeit produktiver genutzt wäre, wenn man stattdessen seinem regulären Job nachgeht oder eine nebenberufliche Selbstständigkeit ausübt. Es wäre naiv zu glauben, dass man selbst intelligenter als der Markt ist und das Schlagen des Marktes mit nur einer investierten Stunde nach Feierabend möglich ist. Privatanleger, insbesondere solche, die gerade erst anfangen, sollten nicht den Fehler begehen, ebenfalls den Markt schlagen zu wollen. Die Mathematik macht es notwendig, dass es für jeden Investor, der über dem durchschnittlichen Marktertrag liegt, einen anderen geben muss, der unterdurchschnittlich performt hat. Der Versuch, den Markt zu schlagen, ist also nicht kostenlos und kann einen hinter die Marktrendite zurückwerfen (vgl. Kapitel 3.8). Buffet selbst empfiehlt für Privatanleger im Übrigen ebenfalls die Anlage in kostengünstige ETFs auf bekannte Indizes.[81]

Regression zum Mittelwert

Ein weiterer Grund für die Überlegenheit des passiven Investierens ist die Regression zum Mittelwert. Dieses statistische Phänomen beschreibt, dass sich Renditen – über mehrere Jahre betrachtet – der durchschnittlichen Jahresrendite annähern. Kurz zusammengefasst bedeutet das: Es ist egal, zu welchem Kurs du einsteigst oder zu welchen Kursen dein Sparplan ausgeführt wird. Kurzfristig kannst du mit deinem „Timing" zwar Pech haben und eine negative Rendite erzielen oder Glück haben und eine positive Rendite erzielen, je länger du jedoch dein Investment hältst, desto stärker nähert sich deine Rendite dem Mittelwert – der Marktrendite – an. Die Regression zum Mittelwert ist gleichzeitig der Grund, warum niemand langfristig den Markt signifikant schlagen kann. Je länger die zeitliche Periode gewählt ist, desto näher wird sich der Investor mit der Überrendite der Marktrendite annähern. So ist es auch Warren Buffet ergangen, der seinen Vergleichsindex viele Jahre geschlagen hat, dann aber seit den 2010er-Jahren Schwierigkeiten hatte, diesen zu schlagen. Die Überrendite von Warren Buffet hat sich also der Marktrendite, von der sie sich zwischenzeitlich ein gutes Stück entfernt hatte, wieder angenähert. Für jedes weitere Jahr und Jahrzehnt, das noch hinzukommt, werden sich die Renditen statistisch weiter annähern. Warum also Zeit und Geld riskieren, um den Markt zu schlagen, wenn es auf lange Sicht mathematisch nicht möglich ist?

Für dich bedeutet das: Es ist unwichtig, wann und in welcher Marktphase du mit deinem Sparplan beginnst oder ein Einmalinvestment tätigst, denn auf lange Sicht macht das nur einen marginalen Unterschied.

Was ist mit dem Spaßfaktor?

Viele, die aktiv investieren, führen an, dass es ihnen Spaß macht, ihr Geld aktiv zu investieren und selbst nach vielversprechenden Aktien zu suchen. Mir ist klar, dass das Spaßempfinden rein subjektiv ist, aber mir persönlich macht es deutlich mehr Spaß, mich nicht täglich oder wöchentlich mit meiner Geldanlage beschäftigen zu müssen und stattdessen von der erzielten Marktrendite irgendwann früher in Rente gehen zu können oder Reisen zu unternehmen. Durch aktives Investieren läuft man Gefahr, nicht zu den 50 % zu zählen, die den Markt outperformen, sondern zu den 50 % zu gehören, die unter der Marktrendite liegen. Falls du zu denjenigen gehören solltest, die Freude am Einzelinvestment haben, rate ich dir, das nur mit einem kleinen Teil deines gesamten Aktieninvestments zu tun. Möchtest du beispielsweise 20 % deines Vermögens auf dem Tagesgeldkonto liegen haben und 80 % in Aktien investieren, solltest du von den 80 % wiederum 90 % breit gestreut und kostengünstig in einen ETF investieren und nur mit 10 % dein Glück in Einzelaktien suchen.

Andere wiederum geben an, aktiv zu investieren, um etwas über Unternehmen und deren Bewertung hinzuzulernen. Die Wahrscheinlichkeit, etwas dazuzulernen, wenn man sich mit einer Sache intensiv beschäftigt, ist hoch. Die Frage ist jedoch, ob das erworbene Wissen auch verwertbar ist. Sieht man seine persönliche Zukunft im wirtschaftlichen, finanziellen Sektor, so kann dies durchaus Sinn ergeben. Alle anderen haben aus meiner Perspektive mehr davon, die Zeit in etwas anderes zu investieren, was entweder eine bessere Verwertbarkeit aufweist, beispielsweise das Erlernen einer neuen Sprache, die man im nächsten Urlaub direkt anwenden kann, oder in ein Hobby, das günstiger ist als eine teure Fehlentscheidung am Aktienmarkt.

Fazit

Halten wir zum Abschluss des Kapitels fest: Langfristig schlägt niemand signifikant den Markt – erst recht nicht als Privatinvestor in wenigen Stunden Arbeit pro Woche. Deshalb ist der passive Ansatz sowohl aus Zeit- als auch aus Renditesicht dem aktiven Ansatz überlegen.[82] Das Investieren ist durch den passiven Buy-and-hold-Ansatz längst nicht so kompliziert, wie häufig behauptet wird. Häufiges Traden ist sowohl aus steuerlicher Sicht als auch aufgrund der Transaktionskosten (mindestens Geld-Brief-Spanne) renditeschädlich.

Die Einzigen, die davon profitieren, sind sogenannte Experten oder Medien, die durch die Klicks auf Artikel, Videos oder den Verkauf von Büchern ihr Geld verdienen, oder die Depotbanken, die immer an den Transaktionskosten mitverdienen.

9. Auswahl eines ETFs

Ziel dieses Kapitels ist es, dir zu helfen, den für dich besten oder – falls du eine Strategie mit mehreren ETFs wählst – die für dich besten ETFs auszuwählen. Neben der dir bereits aus Kapitel 3.7 bekannten Art, laufende Erträge zu verwenden – thesaurierend oder ausschüttend –, gibt es noch weitere Merkmale, die du bei der Entscheidung für einen ETF berücksichtigen kannst.

Währung

Die Währung des ETFs bedeutet die Währung, in der der ETF-Anbieter Bericht über die Renditeentwicklung erstattet. Ein in Euro gehandelter ETF kann demnach genauso in US-amerikanische Aktien investieren wie ein in Dollar gehandelter ETF dies in europäische Aktien tun kann. Beide ETFs tauschen automatisch beim Kauf die Währung, um in die jeweiligen Aktien zu investieren. Auf kurze Sicht kann es dadurch zu Wechselkursgewinnen oder -verlusten kommen. Zwar können sich die Zinsen und Renditen in Ländern mit unterschiedlichen Währungen voneinander unterscheiden, allerdings gibt dies nur Auskunft über die nominale Rendite, nicht jedoch über die reale Rendite, die die Inflation mit einbezieht. Langfristig bewegen sich Wechselkurse zwischen zwei Währungen um einen Mittelwert (Kaufkraftparität). Da die Schwankungen jedoch zum einen nicht vorhersehbar sind und sich zum anderen bei einem mehrjährigen Anlegehorizont nur geringfügig und eben nicht prognostizierbar auswirken – die Regression zum Mittelwert findet auch hier statt –, solltest du es dir an dieser Stelle nicht zu kompliziert machen und die ETF-Währung nicht als Kriterium bei deiner Auswahl heranziehen.[83]

Fondsdomizil und Nachbildung des Index (Replikationsmethode)

Für eine präzise Betrachtung fassen wir die Kriterien Fondsdomizil und Replikationsmethode zusammen. Das Fondsdomizil ist das Land, in dem der Fonds aufgelegt ist und unter dessen Aufsichtsbehörde er fällt. Du erkennst das Land an den Anfangsbuchstaben der internationalen Wertpapierkennnummer (englisch: International Securities Identification Number, abgekürzt ISIN). Am häufigsten für den innerhalb der EU konzipierten Kapitalmarkt sind die Länder Irland (Abkürzung IE), Luxemburg (LU) und Deutschland (DE).

(Fast) jeder der in Europa handelbaren ETFs trägt zudem im Namen die Bezeichnung „UCITS“ (engl. Undertakings for Collective Investments in Transferable Securities). Um die Bezeichnung „UCITS“ tragen zu dürfen, müssen die Emittenten, also die Anbieter des ETFs, bestimmte Transparenzanforderungen erfüllen. Dazu zählen das Bereitstellen von Produktbroschüren und das Erstellen von Halbjahres- und Jahresberichten, durch die sich der Kunde über seine Anlage und deren Entwicklung informieren kann. Bis zur Investmentsteuerreform im Jahr 2018 gab es noch eine steuerliche Begünstigung für in Deutschland aufgelegte ETFs. Aktuell haben nur noch in Irland aufgelegte Fonds einen steuerlichen Vorteil für Anleger und das auch nur bei einer bestimmten Replikationsmethode. Als Replikationsmethode wird die Art der Nachbildung des Index bezeichnet. Hier wird zwischen der physischen und der synthetischen Replikation unterschieden, wobei sich die physische noch einmal in zwei Unterarten unterteilt: vollständig und optimiert.

Beginnen wir mit der „einfachsten“ Variante, der vollständigen Replikation. Dabei kauft der ETF alle im Index enthaltenen Aktien 1:1 nach dem Verhältnis im tatsächlichen Index. Ziel ist es, den Index so genau wie möglich nachzubilden. Diese Methode der Nachbildung bietet sich bei kleineren Indizes (wie dem DAX mit nur 40 Einzeltiteln) an, bei größeren wie den drei im Buch genannten wäre das vollständige Nachbilden des Index jedoch mit hohen Transaktionskosten verbunden, da permanent Aktien ge- und verkauft werden müssten, um möglichst nah am Index zu bleiben. Deswegen kommt bei den großen Indizes, wenn der Index physisch repliziert werden soll, meist die zweite Variante, das optimierte Sampling zum Einsatz. Dann erwirbt der ETF-Anbieter nicht tatsächlich alle 1.600 Einzeltitel aus beispielsweise dem MSCI World, sondern nur diejenigen, die am ehesten die Rendite des Index beeinflussen. Er wählt also eine Stichprobe an Aktien (engl. sample) aus und erwirbt diese. Aktien mit nur einem kleinen Anteil am Index werden also entweder gar nicht gekauft oder durch andere Titel ersetzt.

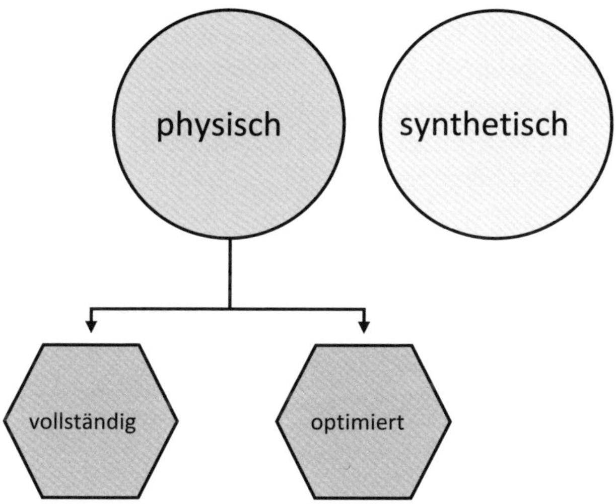

Replikationsmethoden eines Index. Eigene Darstellung.

Die dritte Methode, das synthetische Replizieren, kommt bei sogenannten Swap-ETFs zum Einsatz. Bei diesen geht es nicht darum, den tatsächlichen Index nachzubilden, sondern lediglich die Rendite des abzubildenden ETFs. Dies kann mit vollkommen anderen Titeln als den tatsächlich im Index enthaltenen erfolgen. Im Hintergrund hat der ETF-Anbieter einen Swap-Partner, der den tatsächlichen Index abbildet. Beide vereinbaren, die Rendite mit dem jeweils anderen zu tauschen. Abgebildet wird dies mit Derivaten. Der einzige Vorteil bei synthetischen ETFs ist meines Erachtens ein eventueller Kostenvorteil gegenüber den physisch replizierenden ETFs. Diesen Vorteil erkauft man sich jedoch mit dem zusätzlichen Kontrahenten-Risiko. Das Risiko tritt dann ein, wenn der Tauschpartner, mit dem der ETF die Rendite tauscht, insolvent gehen sollte und die geschuldete Rendite nicht zahlen kann.

Im Gegensatz zu allen anderen Ländern hat Irland eine besondere Vereinbarung mit den USA getroffen, nach der nur 15 % Steuern auf in den USA entfallende Renditen anfallen. Da bei einem global diversifizierten Portfolio der Anteil der amerikanischen Aktien häufig sehr hoch ist – im MSCI World mehr als 70 % –, sind 15 % Steuervorteil ein nicht zu vernachlässigender Faktor. Damit du vom Steuervorteil von 15 % profitieren kannst, müssen die Erträge auch tatsächlich fließen, was nur bei physischen ETFs der Fall ist. Bei allen anderen Ländern besagt das Doppelbesteuerungsabkommen, dass jeweils 30 % an Quellensteuer in das Land abgeführt werden müssen, in dem die Erträge erzielt wurden. Aber kommt die Mehrrendite, die der ETF dadurch erwirtschaftet, auch beim Kunden an? Das schauen wir uns beim letzten Vergleichskriterium an.

Kostenvergleich durch Gesamtkostenquote oder Tracking Difference?

Mit der Gesamtkostenquote (engl. Total Expense Ratio, abgekürzt TER), die jeder ETF angeben muss, siehst du die Kosten, die der ETF ausweist. Die günstigste Gesamtkostenquote bei einem ETF auf den MSCI World beträgt 0,10 %. Diese Kosten werden jährlich vom ETF-Anbieter einbehalten, um seine laufenden Kosten, wie den Kauf und Verkauf der Aktien, zu decken.

Das Ziel einer passiven Anlagestrategie ist, einen Index möglichst genau abzubilden und somit möglichst wenig von der Marktrendite abzuweichen. Auskunft darüber, wie gut das einem ETF gelungen ist, gibt die sogenannte Tracking Difference (dt. Abbildungsdifferenz). Ist die Tracking Difference (nachfolgend mit TD abgekürzt) negativ, zum Beispiel –0,12 %, so hat der ETF um 0,12 % besser als der zugrunde liegende Index performt. Ist sie hingegen positiv, zum Beispiel 0,19 %, so hat der ETF um 0,19 % schlechter als der Index abgeschlossen. Als allgemeine Formel lässt es sich wie folgt darstellen:

Tracking Difference = Wertentwicklung des Index – Wertentwicklung des ETFs

Die TD gibt die genaue Abweichung zum Index an, weshalb hierin die tatsächlich angefallenen Kosten, die der ETF verursacht hat, liegen. Daher ist die TD der bessere Indikator für die tatsächlichen Kosten des ETFs. Mit anderen Worten: Auch wenn der ETF A eine höhere TER als der ETF B hat, so kann er trotzdem der bessere und günstigere sein, wenn seine TD besser ist. Ein ETF mit einer TER von 0,35 % und einer TD von 0,10 % hat den Anleger effektiv nur die 0,10 % gekostet. Die Differenz zwischen den ausgewiesenen 0,35 % und der TD von 0,10 %, also 0,25 %, hat der ETF-Anbieter durch Optimierungen erwirtschaftet, wie beispielswiese das Auswählen von Samples oder den Verleih von Wertpapieren aus dem ETF, was dem Anleger über die Wertentwicklung zugutekommt.

Der Nachteil der TD ist, dass sich diese nur für zurückliegende Betrachtungszeiträume, nicht jedoch für die Zukunft ermitteln lässt. Eine geringe TD in der Vergangenheit ist also noch keine Garantie für eine genauso stabile Fortführung in der Zukunft. Dasselbe gilt für die Renditeerzielung des ETFs, weshalb sie in diesem Kapitel auch nicht näher behandelt wird. Um ein möglichst unverfälschtes Ergebnis zu erhalten, lohnt es sich, die TD über einen längeren Zeitraum zu betrachten, um zu ermitteln, wie sich der ETF in verschiedenen Marktphasen geschlagen hat. Zum Auslesen der TD bietet sich die Seite *trackingdifferences.com/* an.

Dort trägst du einfach die Wertpapierkennnummer (WKN) oder International Securities Identification Number (ISIN) eines ETFs ein und erhältst eine direkte Auswertung, wie sich dieser und andere ETFs auf den gleichen Index jeweils pro Jahr, gemessen am zugrundeliegenden Index, entwickelt haben. Zusammengefasst: Ist das Ergebnis negativ, war der ETF besser als der Index, was gut für dich ist. Ein kleines Plus innerhalb der ausgewiesenen TER ist immer noch ein gutes Ergebnis. Kommt jedoch eine TD heraus, die über der ausgewiesenen TER des ETFs liegt, solltest du lieber einen anderen, kosteneffizienteren ETF wählen.

Hinweis: Bei einer *Wertpapierleihe* verleiht der ETF-Anbieter Wertpapiere aus seinem Portfolio an größere Investoren häufig anderer gemanagter Fonds. Diese haben die Aktie „leerverkauft", setzen also auf fallende Kurse bis zu einem bestimmten Datum. Durch die Leihe der Wertpapiere sichern sich die Investoren gegen steigende Kurse ab, falls diese entgegen der Erwartung steigen sollten.

Um sich Wertpapiere leihen zu können, muss neben liquiden Sicherheiten, die den Wert der geliehenen Wertpapiere übersteigen, auch eine Entleihgebühr an den ETF-Anbieter entrichtet werden. Dies ist eine zusätzliche Einnahmequelle für den ETF-Anbieter, von der der Anleger mit profitiert. Im Falle einer Zahlungsunfähigkeit des Entleihers können die gestellten Sicherheiten sofort veräußert werden. Bei Black Rock, einem der größten Vermögensverwalter der Welt, ist dieser Fall seit 1981 dreimal vorgekommen. In allen drei Fällen haben die gestellten Sicherheiten für den Verlust der entliehenen Wertpapiere vollumfänglich entschädigt.[84] Manche ETF-Anbieter sichern sogar zu, im Falle einer fehlgeschlagenen Wertpapierleihe und bei nicht ausreichenden Sicherheiten die Differenz selbst auszugleichen. Falls du erfahren möchtest, ob dein ETF Wertpapiere verleiht, empfehle ich dir einen Blick auf die folgende Seite: *https://de.extraetf.com/wissen/wertpapierleihe-in-etfs*. Dort erfährst du auch, wie viel Prozent seines Wertes der ETF maximal verleiht und wie viel Prozent an Sicherheiten gestellt werden müssen. In der Praxis bekommst du als Anleger von dem Prozess der Wertpapierleihe nichts mit. Du musst für dich entscheiden, ob du bereit bist, ein etwas größeres Risiko durch den Verleih von Wertpapieren einzugehen und dafür eine Mehrrendite zu erzielen, oder ob dir die Sicherheit wichtiger ist und du lieber einen Anbieter wählst, der keine Wertpapiere verleiht.

Fazit

- Die Währung, in der der ETF gehandelt wird, hat keinen maßgeblichen Einfluss auf die Renditeentwicklung.
- Bei der Wahl des Fondsdomizils gibt es bei einem ETF-Fonds aus Irland einen steuerlichen Vorteil, wenn es sich um einen vollständig oder optimiert replizierenden ETF mit Aktien aus den USA handelt.
- Ein vollständig oder optimiert replizierender ETF hat zudem den Vorteil, dass kein zusätzliches Kontrahenten-Risiko, wie bei einem Swap-ETF, eingegangen wird.
- Für die Ermittlung der effektiven Kosten ist die Tracking Difference (TD) entscheidender als die vom ETF-Anbieter ausgewiesene TER. Hier lohnt sich ein langfristiger Vergleich (> 5 Jahre) verschiedener ETFs, um herauszufinden, wie gut sich diese in verschiedenen Marktphasen gemessen am Index geschlagen haben.
- Der Verleih von Wertpapieren wird von vielen ETF-Anbietern genutzt, um für sich und die Anleger Mehrerträge zu generieren. Dabei übersteigt der Wert der Sicherheiten stets den der entliehenen Wertpapiere.

Auf der Seite *justetf.com/de/how-to/#indices* findest du Anlageleitfäden zu den verschiedenen im Buch dargestellten und breit gestreuten Indizes. Wählst du einen Index aus, bekommst du im oberen Teil der Seite die wichtigsten Informationen zusammengefasst. Dazu zählen die Art der Ausschüttung, das Fondsdomizil, die TER und die Replikationsmethode. Außerdem kannst du direkt auf das Factsheet oder die wesentlichen Anlegerinformationen klicken, um in jeweils kurzen PDFs weitere Einblicke in deinen ETF zu erhalten. Dort erfährst du unter anderem, in welchen Ländern und Branchen und zu wie viel Prozent das Fondsvolumen jeweils investiert ist. Außerdem sind die zehn größten Aktienpositionen aufgeschlüsselt. Ich empfehle dir vor der Anlage in einen ETF, diese Informationen einmal durchzulesen. Such den oder die passenden ETFs für dich heraus und schreibe dir die Wertpapierkennnummer (WKN) oder die Internationale Wertpapierkennnummer (ISIN) auf.

Im nächsten Kapitel erfährst du, wie du das für dich passende Depot findest und wie du anschließend Geld in deinen ETF investierst.

10. Welches Depot soll ich nehmen?

Wenn du alle bisherigen Schritte erledigt hast, ist die meiste Arbeit getan. Alles, was jetzt noch folgt, wird ein Kinderspiel für dich sein. Mit den Methoden aus den ersten beiden Teilen des Buches kannst du nun noch einen Startbonus bei deinem Vermögensaufbau für dich herauszuholen. Dazu tippst du die WKN oder ISIN deines beziehungsweise deiner zuvor ausgesuchten ETFs bei *justetf.com/de* ein und scrollst auf der Seite weiter nach unten. Dort siehst du, bei welchen Banken du den Sparplan besparen kannst und wie viel die Ausführung des Sparplans und die Depotgebühr kosten.

Selbstverständlich kommen für uns nur kostenlose Depots infrage und auch nur solche, bei denen du den Sparplan kostenlos ausführen kannst. Denn zum einen gilt es, unnötige Kosten zu vermeiden, um das Maximale an Rendite für deinen Vermögensaufbau herauszuholen. Zum anderen gibt es bei den in diesem Buch behandelten weltweiten Indizes ausreichend Depotanbieter, die einen kostenlosen Sparplan auf die zugehörigen ETFs anbieten. Womit verdienen denn dann die Depotanbieter ihr Geld, wenn alles kostenlos ist? Neben dem bereits vorgestellten Spread, also dem Unterschied zwischen Geld- und Briefkurs, kommen vor allem die Tradingkosten für Einzelkauf und -verkauf ins Spiel. Die Tradingkosten schwanken je nach Anbieter von kostenlos ab einem Ordervolumen von mindestens 250 € bis hin zu mehr als 10 € pro ausgeführte Order. Die Tradingkosten sind für dich, falls du der Empfehlung dieses Buches folgst, jedoch allenfalls von untergeordneter Bedeutung. Als passiver Buy-and-hold-Anleger bist du am langfristigen Vermögensaufbau interessiert. Je nach Lebensphase, in der du dich gerade befindest, steht ein Verkauf deiner ETF-Anteile erst in 10, 20, 30 oder gar 40 Jahren für dich zur Debatte. Bis es so weit ist, kannst du dein Depot jederzeit kostenlos zu einem anderen Depotanbieter verschieben. Das bedeutet, du kannst dir dann einen Anbieter suchen, der geringe Verkaufsspesen verlangt, und dein Depot mitsamt deinen Inhalten kostenlos dahin übertragen.

Die Orderkosten spielen für dich allenfalls eine Rolle, wenn du zu Beginn eine größere Summe investieren oder häufiger Einzelkäufe tätigen möchtest, wie beispielsweise ein Weihnachtsgeld oder überschüssiges Guthaben vom Girokonto in dein Depot zu investieren. In der nachfolgenden Übersicht habe ich für dich fünf Broker in alphabetischer Reihenfolge aufgeführt, die neben einem kostenlosen Depot und der kostenlosen Ausführung von Sparplänen auch noch geringe Kosten für Einzelkäufe haben:

Anbieter	**Order**	**Sparplan-fähige ETFs**	**Spar-plan**	**Ausführung der Sparpläne**
Finanzen.net Zero	kostenlos ab 500 €, ansonsten 1 €	1.503	ab 1 €	vom Verrechnungskonto
Justtrade	1 € pro Order	152	ab 25 €	vom Verrechnungskonto
Scalable Capital Modell „Free Broker"	0,99 € pro Order, 1255 sogenannte Aktions-ETFs können ab 250 € kostenlos gekauft werden	2.634	ab 1 €	vom Girokonto
Trade Republic	1 € pro Order	2.217	ab 1 €	vom Girokonto
Traders Place	kostenlos ab 500 €, ansonsten 1 €	823	ab 10 €	vom Verrechnungskonto

Auflistung der Broker mit kostenlosen Sparplänen und geringen Orderkosten.[85]

Alle fünf gehören zu den sogenannten Neobrokern, einer Riege neuer Anbieter am Markt, die ihren Fokus auf geringe Kosten legen und daher ein eingeschränkteres Angebot von Handelsplätzen und Dienstleistungen anbieten. In der rechten Tabellenspalte ist angegeben, von welchem Konto die Sparpläne für deinen ETF abgebucht werden. Die Scalable Capital und Trade Republic buchen deine monatliche Sparrate direkt vom Girokonto ab. Bei allen anderen Brokern musst du zunächst Geld auf das Verrechnungskonto überweisen. Das Verrechnungskonto wird bei allen Depots automatisch und kostenlos mit eröffnet. Dorthin werden etwaige Ausschüttungen, die du aus deinem ETF erhältst, übertragen oder

Kosten für die Order beglichen. Aus meiner Sicht ist die direkte Abbuchung vom Girokonto ein Vorteil, da du nicht erst Geld von deinem Girokonto auf das Verrechnungskonto übertragen musst und dadurch weniger Aufwand hast und keine Zeit verlierst. Dadurch kann es dir nicht passieren, dass dein Sparplan von deinem Verrechnungskonto nicht ausgeführt wird, weil das Geld aufgrund von Feiertagen oder Wochenenden nicht rechtzeitig auf deinem Verrechnungskonto eingegangen ist.

Lass deinen Sparplan am besten so schnell wie möglich nach dem Geldeingang und dem Begleichen deiner Fixkosten, wie Miete, Versicherungen, Internet- und Fitnessstudiobeitrag, ausführen. Somit läufst du nicht Gefahr, zu viel zu konsumieren, und gibst nur das aus, was nach deiner Sparplanausführung noch auf dem Konto verbleibt.

Tipp: Beim Broker Trade Republic gibt es die gleichnamige Debit-Visakarte. Diese bietet dir 1 % Saveback auf alle Käufe mit der Karte für maximal 1.500 € im Monat, sofern du einen aktiven Sparplan von mindestens 50 € hast (vgl. Kapitel 1.6). Dieser Saveback wird zusätzlich zu deinem aktiven Sparplan in den ETF investiert.

Neben den fünf dargestellten gibt es noch eine Reihe weiterer kostenloser Depotanbieter, wie beispielsweise die Consorsbank, Flatex und ING. Für höhere Ordergebühren bieten sie dir, anders als häufig die Neobroker, mehrere Handelsplätze an, also unterschiedliche Börsen, an denen du deine Order platzieren kannst. Dies kann bei großen Handelsvolumen Sinn ergeben, wenn sich an den verschiedenen Handelsplätzen die Spreads unterscheiden. Bei kleineren Volumen wirken sich etwaige Spreads jedoch nicht so stark aus, sodass du mit von vornherein günstigen Ordergebühren in aller Regel besser fährst.

Nachdem du nun einen Überblick über unterschiedliche Depotanbieter bekommen hast, kannst du schauen, welcher am besten zu deinen Bedürfnissen passt und bereit ist, dir die größte Prämie für die Depoteröffnung zu bezahlen. Lies dir die Bedingungen dazu genau durch. Häufig muss ein Sparplan über einen bestimmten Zeitraum ausgeführt werden oder eine definierte Anzahl an Trades ist durchzuführen. Vergiss dabei nicht, was du in den vorherigen Teilen über Cashback und Bonussysteme gelernt hast. Manchmal lassen sich auch hier Cashback und Bonussystem miteinander kombinieren oder du kannst dich von anderen werben lassen, sodass Werber und Geworbener eine Prämie erhalten.

Eine schnelle Recherche mit dem Namen des Brokers in Verbindung mit dem Wort „mydealz“ gibt dir Auskunft darüber, in welcher Höhe aktuell eine Prämie ausgeschüttet wird und welche Prämien in der Vergangenheit gezahlt wurden. Auch wenn es in der Vergangenheit vielleicht höhere Prämien gab, solltest du keine Zeit verlieren und beginnen, deine ersten eigenen Erfahrungen zu sammeln und zu investieren. Es hindert dich nichts daran, mehrere Depots zu eröffnen und so gegebenenfalls im Laufe der Zeit weitere Prämien auf dem Weg zu deiner Vermögensbildung einzusammeln und damit gleichzeitig Erfahrungen mit verschiedenen Brokern zu machen. Vergiss jedoch nicht, sobald du die Freigrenze in Höhe von 256 € an Prämien pro Kalenderjahr übersteigst, die Erträge in deiner Steuererklärung anzugeben und zu versteuern.

Depoteröffnung und Sparplananlage

Hast du nun deinen Broker ausgewählt, führe die Depoteröffnung durch. Die Anbieter sind gesetzlich dazu verpflichtet, deine bisherigen Erfahrungen im Umgang mit Wertpapieren abzufragen. Hast du diese und weitere Fragen zu deiner Person beantwortet, ist dein Depot auch schon eröffnet. Damit du es nutzen kannst, musst du dich noch mit deinem Personalausweis oder Reisepass legitimieren. Dies ist ein zusätzliches Sicherheitsmerkmal, das bei allen

Neueröffnungen von Spar- oder Girokonten und auch Depots sowie bei der Neuvergabe von Kreditkarten nötig ist, um sicherzugehen, dass nicht jemand Fremdes in deinem Namen handelt. Die Legitimierung erfolgt meist bequem online – genauere Infos dazu erhältst du vom Depotanbieter, für den du dich entschieden hast – oder in einer Postfiliale mit Unterschrift vor Ort. Nach wenigen Tagen steht dir dein Depot zur Verfügung.

Nun kannst du in der Ordermaske deines Depots die WKN oder ISIN deines ETFs suchen und angeben, welchen Betrag du investieren möchtest. Dabei kannst du eine einmalige Order platzieren oder einen wiederkehrenden Sparplan in einem festen Rhythmus (meist monatlich) zu einem bestimmten Tag ausführen lassen. Je nach Broker wird dieser Betrag dann von deinem hinterlegten Girokonto oder vom Verrechnungskonto bei der depotführenden Bank abgebucht. Falls vom hinterlegten Girokonto abgebucht wird, brauchst du nur sicherzustellen, dass zum Zeitpunkt der Abbuchung genügend Geld auf deinem Konto ist. Für den Fall, dass der Sparplan vom Verrechnungskonto ausgeführt wird, solltest du per Dauerauftrag von deinem Girokonto sicherstellen, dass sich auf dem Verrechnungskonto am Ausführungstag ein ausreichender Betrag befindet. Dazu empfehle ich dir, den Dauerauftrag drei bis vier Tage vor der Fälligkeit des Sparplans ausführen zu lassen. Legst du einen Sparplan in Höhe von 100 € an, so werden regelmäßig für genau 100 € Anteile an deinem gewählten ETF gekauft. Das kann dazu führen, dass du auch Bruchstücke erwirbst und beispielsweise einen Bestand von 3,2564 Anteilen eines ETFs in deinem Depot liegen.

Einzelkauf

Auf den ersten Blick ist die Einzelorder etwas komplizierter als die Anlage eines Sparplans. Auch dieses Mal gibst du WKN oder ISIN des Wertpapiers ein, das du kaufen möchtest. Je nach gewähltem Depot kannst du den Handelsplatz auswählen, an dem du deine

Order platzieren möchtest. Dabei solltest du bei einer Kauforder auf einen möglichst niedrigen Briefkurs achten und umgekehrt bei einer Verkaufsorder auf einen möglichst hohen Geldkurs. Hast du dich für einen Handelsplatz, beispielsweise die Börsen Frankfurt, Stuttgart, gettex oder Tradegate, entschieden, kannst du die Stückzahl, die du kaufen möchtest, in die Kaufmaske eintippen. Anders als bei Sparplanausführungen, bei denen du auch Teilstücke eines Anteils erwerben kannst, kannst du bei Einzelkäufen nur ganze Stückzahlen von ETFs kaufen. Bei deiner Kauforder bedeutet das, dass du den Anlagebetrag, den du investieren möchtest, durch den aktuellen Briefkurs teilen musst. Nehmen wir an, du möchtest 500 € investieren und der Kurs deines ETFs liegt gerade bei 72 €. Dann teilst du $\frac{500}{72} = 6{,}94$. Das bedeutet, dass du sechs Anteile des ETFs für 432 € kaufen kannst und danach noch 68 € auf deinem Verrechnungskonto übrig hast. Achtung! Falls du einen Depotanbieter gewählt hast, bei dem du erst ab 500 € kostenlos handeln kannst, würden von den verblieben 68 € noch die Tradingkosten abgeführt werden.

Zuletzt musst du dich nun noch für eine Ausführungsart entscheiden. Als Marktorder hast du beim Kauf die Möglichkeit, „billigst" zu wählen. Das bietet dir den Vorteil, dass deine Order sofort ausgeführt wird. Der Nachteil: Sollte der Kurs in dem Moment von 72 € auf 72,50 € steigen, würdest du für 0,50 € mehr pro Anteil, also insgesamt 3 € teurer als beabsichtigt, einkaufen. Davor kannst du dich mit einer „Limitorder" schützen. Du gibst als Kurs zum Beispiel 72,03 € ein und ein Datum, bis zu dem du deine Order aufrechterhalten möchtest. Springt der Kurs in dem Moment auf 72,50 €, wird deine Order nicht sofort ausgeführt. Erst wenn der Kurs das nächste Mal wieder unter dein Limit von 72,03 € fällt, kaufst du die Anteile tatsächlich. Das kann dann der Kurs von 72,03 € sein, es könnten aber auch 71,97 € sein, je nachdem, wie weit der Kurs gefallen ist. Der Vorteil bei der Limitorder ist, dass du nicht zu einem teureren Kurs kaufst als beabsichtigt. Der Nachteil ist jedoch, dass deine Order möglicherweise gar nicht oder erst mit großer Verzögerung ausgeführt wird. Steigt der Kurs nun immer weiter, nimmst du an der Marktentwicklung nicht teil und musst gegebenenfalls später zu einem höheren Kurs kaufen.

Tipp: Eine Alternative zur Einzelorder könnte auch das einmalige Ausführen eines Sparplans sein. Anstatt 500 € per Einzelorder zu investieren, könntest du einen neuen Sparplan anlegen und diesen einmalig für 500 € zum nächsten Zeitpunkt ausführen lassen. Neben eventuell geringeren Tradinggebühren eröffnet das dir die Möglichkeit, Bruchstücke an ETF-Anteilen zu erwerben.

Es gibt noch einige weitere Ausführungsarten, die jedoch für einen Buy-and-hold-Anleger nicht interessant sind. Falls du jedoch einmal Anteile deines ETFs verkaufen musst, um entweder dein Portfolio zu rebalancen (vgl. Kapitel 3.4) oder weil du Liquidität benötigst, solltest du im Hinterkopf haben, dass es die Limitorder auch beim Verkaufen gibt und das Pendant zu „billigst" beim Kaufen „bestens" beim Verkaufen heißt.

Tipp: Manchmal kommt es vor, dass ein zuvor kostenloser Sparplan irgendwann nicht mehr kostenlos bei einer Depotbank ist oder sich andere relevante Bedingungen zu deinen Ungunsten verschlechtert haben. Einmal im Jahr solltest du daher deine Abrechnung im Depot überprüfen und schauen, ob dein Sparplan und dein Depot immer noch kostenlos sind. Gleiches habe ich beim Schreiben dieses Kapitels getan und feststellen müssen, dass dies bei meinem ETF bei einem Depot nicht mehr der Fall war. Also habe ich meinen Sparplan gelöscht und diesen in einem anderen Depot, bei dem der Sparplan kostenlos ist, in gleicher Höhe eingerichtet. Du könntest nun deine Wertpapiere zum neuen Anbieter übertragen oder einfach zwei oder mehr Depots mit Beständen behalten, da diese meist auch ohne aktive Sparpläne kostenlos sind.

Ist dein Depot nun eröffnet, dein Sparplan angelegt und gegebenenfalls dein Einzelauftrag erteilt, solltest du spätestens jetzt deinen Freistellungsauftrag, wie in Kapitel 3.7 näher erläutert, bei der Depotbank erteilen. Meist gibt es dafür eine Eingabemaske direkt im Browser oder in der App unter dem Punkt „Service" beziehungsweise „Steuern". So kann sich dein Vermögen ungehindert vergrößern, ohne dass unnötige Steuern abgeführt werden.

Vermögenswirksame Leistungen

Falls du von deinem Arbeitgeber vermögenswirksame Leistungen (kurz VL) bekommst, kannst du diese ebenfalls in einen ETF anlegen. Liegt dein maximal zu versteuerndes Einkommen pro Jahr unter 40.000 € (bei Verheirateten 80.000 €), fördert der Staat deine Sparbemühungen mit 20 % auf maximal 400 € im Jahr. Sparst du 34 € pro Monat als vermögenswirksame Leistungen in deinem ETF, bekommst du die maximal mögliche Prämie von 80 € pro Jahr dazu. Falls du dir unsicher bist, ob du VL erhältst, schau einfach in deinen Arbeitsvertrag oder frage in der Personalabteilung nach. Auch wenn dein Arbeitgeber dir keine VL zahlt, kannst du diesen bitten, dir weniger Geld mit dem Gehalt auf dein Girokonto auszuzahlen und stattdessen auf deinen VL-Vertrag einzuzahlen. Genauso kannst du auch den VL-Beitrag deines Arbeitgebers aufstocken, um die maximale Förderung zu bekommen. Die Prämie beantragst du jährlich im Rahmen deiner Steuerklärung. Das geht sogar bis zu vier Jahre rückwirkend. Es ist staatlich vorgeschrieben, dass der Vertrag sechs Jahre bespart werden und ein Jahr ruhen muss, um die Prämie zu erhalten. Während des Ruhejahres kannst du bereits in einem neuen VL-Vertrag weitersparen.

Anders als beim normalen ETF-Sparen ist die Anlage in einem VL-Vertrag nicht kostenlos möglich. Allerdings gibt es einige kostengünstige Möglichkeiten. Falls du prämienberechtigt bist, ist der Anbieter Finvesto der günstigste am Markt. Dort zahlst du 10 € jährliche Depotgebühr und 0,2 % vom Kaufwert für jeden Trade. Hinzu kommen die üblichen ETF-Gebühren, abhängig davon, welchen der 448 zulagenfähigen ETFs du auswählst. Achtung, es gibt auch zulagenfähige aktiv gemanagte Fonds, die du besparen könntest, allerdings haben diese höhere Kosten und liegen langfristig hinter der Rendite eines passiven Investments in ETFs (vgl. Kapitel 3.8).

Liegst du über der Einkommensgrenze für die Förderung, könnte der Robo-Advisor Oskar etwas für dich sein, den ich dir kurz erläutern möchte. Hier ist keine staatliche Förderung möglich, weshalb du jederzeit auf dein eingezahltes Geld zugreifen kannst. Robo-Advisors kombinieren den passiven Ansatz des ETF-Investierens mit aktiven Timing-Entscheidungen. Aufgrund von Auswertungsdaten schichten sie daher je nach Marktlage dein Vermögen um. Für das VL-Portfolio wird automatisch in sechs verschiedene ETFs investiert und das ohne Kosten bei der Sparplanausführung mit lediglich 0,14 % TER. Dafür fallen jährliche Depotgebühren von 1 % des Depotwertes an. Die monatliche Mindestsparrate beträgt 25 €.

Persönlich bin ich kein großer Freund von Robo-Advisors, weil sie die eigentlich simple und kostengünstige Strategie des passiven Investierens konterkarieren, indem sie aktive Entscheidungen treffen und dadurch einen Teil des Kostenvorteils verlieren. Genau wie beim Investieren in einen aktiv gemanagten Fonds ist es aus meiner Sicht höchst fraglich und unwahrscheinlich, dass die „Robos" auf lange Sicht und nach Abzug der Kosten tatsächlich besser performen als ein einfaches Investment in einen weltweit diversifizierten ETF.

Zusammengefasst: Für den Fall, dass du VL gezahlt bekommst, solltest du sie unbedingt anlegen, da sie sonst verfallen. Ein ETF-Portfolio ist dafür eine gute Möglichkeit. Bist du prämienberechtigt, solltest du dich für Finvesto entscheiden und gegebenenfalls die VL-Zahlungen auf 400 € pro Jahr aufstocken, um die Förderung zu maximieren – immerhin sind 20 % pro Jahr ein ordentlicher Boost für deinen Vermögensaufbau. Die Prämie erhältst du am Ende der 7-jährigen Sperrfrist vom Finanzamt ausgezahlt.

Sollte beides nicht auf dich zutreffen, dann kannst du deinen Vermögensaufbau lieber in klassischen ETFs bei einem Depotanbieter deiner Wahl vornehmen, da du damit sowohl günstiger fährst als auch flexibler über dein Geld verfügen kannst.

11. Wie lege ich meine Reserve an?

Anders als viele andere Autoren von Büchern zum Thema Investieren habe ich mich bewusst dazu entschieden, die Anlage der Liquiditätsreserve hinter die Depoteröffnung und die Einrichtung des Sparplans zu stellen. Dies hat vor allem praktische Gründe. Sobald du Geld am Aktienmarkt investierst, bist du mit einem anderen Interesse dabei, als wenn du den Markt nur von der Seitenlinie aus beobachtest. Du eignest dir automatisch mehr Wissen an, weil es dich logischerweise interessiert, was mit deinem Geld passiert. Du wirst vermutlich weitere Bücher lesen, Podcasts hören, auf Social Media Kanälen wie Finanztip folgen und Stück für Stück die Inhalte tiefer verinnerlichen.

Dennoch ist es sinnvoll, dir eine Geldreserve aufzubauen, auf die du jederzeit Zugriff hast und die keinen Schwankungen unterliegt. Denn stell dir einmal vor, du hättest all dein Geld in ETFs investiert und eine teure Reparatur deines Autos fällt genau in die Phase eines Börsencrashs. Dann müsstest du durch einen Verkauf die Verluste in deinem Depot realisieren. Deshalb ist es besser, einen „Notgroschen" zu haben, an den man in solchen Notlagen herangehen kann. Wie groß dieser sein sollte, ist sehr individuell und hängt von verschiedenen Faktoren ab. Im Folgenden fasse ich die in Kapitel 3.3 bereits genannten Faktoren noch einmal zusammen und gebe dir ein Anwendungsbeispiel. Es geht um Folgendes:

- dein Einkommen,
- deine monatlichen Ausgaben,
- deine Arbeitsplatzsicherheit (unter Umständen auch die deines Partners),
- ob du auf ein Auto angewiesen bist.

Max ist mit seinem Medizinstudium fertig und verdient als Assistenzarzt 2.500 € netto. Er wohnt in der Stadt und fährt mit öffentlichen Verkehrsmitteln zur Arbeit. Er ist also nicht zwangsläufig auf ein Auto angewiesen. Aufgrund des Ärztemangels schätzt Max seinen Job als sehr sicher ein. Er hat Lebenshaltungskosten von 1.000 €, eine ETF-Sparrate von weiteren 1.000 € und 500 € zur freien Verfügung. Max entscheidet sich dazu, seine Reserve geringer zu halten. Denn für den Fall, dass eine unerwartet große Zahlung fällig wird, kann er in diesem Monat einfach seinen Sparplan pausieren und etwas kürzer bei Freizeitausgaben treten. So hätte Max 1.500 € zur Verfügung, ohne an seine Reserve herangehen zu müssen. Je nach Autowunsch könnte er sich sogar mittelfristig von den 1.500 € über mehrere Monate Geld für ein Auto ansparen.

Schätzt du deinen Arbeitsplatz hingegen unsicherer ein oder benötigst in jedem Fall ein Auto, um zur Arbeit zu gelangen oder um am kulturellen Leben teilhaben zu können, sollte deine Reserve größer ausfallen. Häufig werden mindestens 2,5 bis drei Nettomonatsgehälter empfohlen. Mehr als sechs Nettomonatsgehälter sollten es meiner Ansicht nach jedoch nicht sein, da dein Geld sonst zu unwirtschaftlich angelegt ist und du – insbesondere in Zeiten hoher Inflation – Kaufkraftverluste erleidest. Max sollte also mindestens 6.250 €, jedoch nicht mehr als 15.000 € auf dem Tagesgeldkonto liegen haben.

Damit dein Geld nicht einfach unverzinst auf deinem Girokonto liegt, solltest du dir dafür ein Tagesgeldkonto anlegen (vgl. Kapitel 3.3). Das Tagesgeldkonto kannst du bei der Bank eröffnen, bei der du auch dein Girokonto hast. Dadurch ist dein Geld in Sekundenschnelle zwischen den Konten übertragen. Allerdings wirst du nach einem Vergleich vielleicht deutlich bessere Konditionen bei anderen Banken erhalten. Eine Übertragung deines Geldes dauert dann in der Regel einen Bankarbeitstag, was bei guter Planung nicht schlimm ist.

Beim Tagesgeldkonto solltest du beachten, dass die Konditionen meist an Bedingungen wie einen Neukundenstatus geknüpft sind oder für eine maximale Laufzeit von drei bis sechs Monaten gelten.

Richte dir dazu eine Erinnerung in deinem Handykalender ein. Sollten deine Konditionen sich nach den drei bis sechs Monaten signifikant verschlechtern, kannst du einfach mit deinem Geld zu einem anderen Anbieter wechseln.

Bei der Anbieterwahl solltest du neben dem Zinssatz vor allem auf die Einlagensicherung achten. Diese garantiert bei einer Insolvenz der Bank, dass dein Guthaben bis zu einem maximalen Betrag von 100.000 € pro Kunde und Bank erstattet wird. Achte darauf, einen Freistellungsauftrag einzurichten, damit du die Zinserträge nicht unnötig versteuern musst.

Zwei Gedanken zum Abschluss möchte ich dir noch mitgeben: Auch wenn sich 3,4 % auf dem Tagesgeldkonto gut anhören, solltest du bedenken, dass diese immer noch weit unter der historischen Rendite von Aktien in einem global diversifizierten Aktien-ETF liegen und wir zudem im aktuellen Umfeld mit einer vergleichsweise hohen Inflation zu kämpfen haben. Mit anderen Worten: Durch ein Tagesgeldkonto wirst du nicht vermögender, du versuchst nur, die inflationäre Wertminderung deines Geldes zu minimieren, um eine Cashreserve zu haben, an die du jederzeit herangehen kannst. Das ist zugleich der Grund, warum du kein Geld auf deinem Tagesgeldkonto ansammeln solltest, um es beim nächsten Crash an der Börse zu investieren. Niemand weiß, wann der nächste Crash kommt. Im schlimmsten Fall stehst du mehrere Jahre an der Seitenlinie, hast dein Geld schlecht verzinst angelegt und verpasst die positive Entwicklung am Aktienmarkt. Hier gilt die einfache Börsenweisheit: „Time in market beats market timing." Niemand kann den Aktienmarkt zeitlich perfekt abpassen, weshalb du die beste Renditeerwartung hast, wenn du lange im selbigen investiert bist.

12. Meine größten Anlagefehler

Ich bin ein Riesen-Fan davon, nicht nur Erfolgsstorys, sondern vor allem auch Fehler miteinander zu teilen. Ich würde dich gerne an meinen drei größten Fehlern am Aktienmarkt teilhaben lassen, um zu verhindern, dass du dieselben Fehler machst und Geld verlierst.

Allied Irish Banks

Dem ersten Fehler ging mein erster Erfolg am Aktienmarkt voraus. Als 18-Jähriger hatte ich mir im Jahr 2008 meine ersten Aktien gekauft, 200 Stück von meinem Lieblingsverein Borussia Dortmund zu einem Kurs von 1,38 €. Nachdem der Kurs zwischenzeitlich auf unter einen Euro gefallen war, erholte sich der Kurs und ich verkaufte schließlich drei Jahre später zu einem Preis von 2,86 €. 107 % Wertzuwachs und eine Jahresrendite von rund 35 %. „Nicht schlecht", dachte ich mir. „Das war ja einfach."

Das Jahr 2011 war ein Jahr, in dem viele notleidende Banken von den Staaten gerettet wurden, um Schlimmeres zu verhindern (vgl. Kapitel 3.3). Irgendwie habe ich von einer notleidenden irischen Bank erfahren, bei der der irische Staat eingreifen sollte – der Allied Irish Banks. Zudem war die Aktie mit 34 Cent „sehr günstig" zu bekommen. Also kaufte ich mir – ohne großartig zu recherchieren – 1.000 Aktien in der Annahme, dass durch den Staatseinstieg die Geschäfte schon wieder laufen würden und ich langfristig mit einem guten Gewinn aus der Sache herausgehen würde.

Bis hierhin hatte ich bereits zwei Fehler gemacht: Zum einen ist der Aktienmarkt keine Einbahnstraße, in der es nur nach oben geht. Natürlich gibt es auch Aktien, die richtig schlecht performen und sogar vom Markt verschwinden. Zum anderen sagt der Aktienkurs nichts, aber auch gar nichts darüber aus, ob die Aktie günstig oder teuer ist. Jedes Unternehmen kann einen sogenannten Aktiensplit vornehmen, wenn der Preis einer Aktie dem Unternehmen zu hoch ist und dies zu einer eingeschränkten Handelbarkeit führen kann. 2022 betrug etwa der Kurs der Amazon-Aktie 2.447 $.[86] Um mehr Personen den Zugang zum Kauf einer Amazon-Aktie zu ermöglichen, entschied sich das Unternehmen, einen Aktiensplit im Verhältnis 20:1 vorzunehmen. Das bedeutet, dass ein Aktionär, der bisher eine Aktie von Amazon gehalten hatte, 19 weitere Aktien erhielt. Der Kurs der Aktie verringerte sich logischerweise auf 122,35 $. Behält der Aktionär nun seine 20 Amazon-Aktien, hat sich nichts an seinem Beteiligungsverhältnis verändert und auch nicht am Wert in seinem Depot.

Kommen wir zurück zur Allied Irish Banks, denn ich bin noch nicht fertig mit meinem ersten Aktienfehler. Leider entwickelte sich der Kurs nachfolgend nicht, wie von mir gewünscht, nach oben. Stattdessen ging es konsequent bergab. Nun kam aber die Psychologie ins Spiel. Als der Kurs nun bei 28 Cent lag, dachte ich gar nicht ans Verkaufen, schließlich hatte ich ja 34 Cent pro Aktie gezahlt. Als der Kurs dann auf 24 Cent absank und ich langsam ein mulmiges Gefühl bekam – schließlich hatte ich ein Minus von 30 % im Depot stehen –, dachte ich ebenfalls nicht ans Verkaufen. Ich wollte wenigstens die 28 Cent von davor haben.

Was soll ich sagen?! Die 28 Cent wurden nie mehr erreicht und ich war zu trotzig, um meinen Fehler einzugestehen und meinen Verlust zu begrenzen. Nicht bei 20 Cent, nicht bei 15 Cent und auch nicht bei 10 Cent. Nach mehreren Jahren konnte ich die Aktie bei 4 Cent in meinem Depot nicht mehr ertragen, sodass ich sie schlussendlich verkaufte, nur um sie aus meinem Depot zu bekommen. So hatte ich aus 340 € erfolgreich 40 € gemacht oder mit anderen Worten ein Minus von 850 % eingefahren – ohne Berücksichtigung von Transaktionskosten. Hätte ich meinen Fehler schneller eingesehen und zu 28 Cent verkauft, hätte ich nicht nur einen deutlich geringeren Verlust eingefahren, sondern hätte das Geld zu dem Zeitpunkt beispielsweise in einen ETF auf einen weltweit diversifizierten Index investieren können, der sich selbstredend deutlich besser entwickelt hat als mein Investment.

Das Schöne bei einem breit gestreuten ETF-Investment ist, dass man nicht selbst herausfinden muss, welche Aktien schlecht laufen und wann sie verkauft werden sollen. Laufen die Aktien schlecht, fliegen sie aus dem Index und stattdessen werden vielversprechendere Unternehmen aufgenommen. Das Ganze geschieht automatisch und ohne dein Zutun. Leider war ich nach dieser Erfahrung noch nicht geheilt vom „Stock-Picking", also der Wahl einzelner Aktien.

Xiaomi

Bei meinen Einzelaktieninvestments stand es nun 1:1. Borussia Dortmund war ein voller Erfolg und die Allied Irish Banks eine krachende Niederlage – wenngleich der absolute Verlust deutlich überwog. Nichtsdestoweniger war ich bereit, aus meinen Fehlern bei der Allied Irish Banks zu lernen und das Positive aus meiner BVB-Erfahrung zu wiederholen.

Ich beschäftigte mich nun also über Monate mit der Aktie von Xiaomi, einem chinesischen Unternehmen, das nicht nur auf dem Smartphone-Markt, sondern auch in vielen anderen technischen Bereichen wie Fernsehern oder Staubsaugerrobotern vertreten ist. Xiaomi-Produkte zeichnen sich durch ein ideales Preis-Leistungs-Verhältnis aus und richten sich an preisbewusste Käufergruppen. Nach mehreren Monaten der Recherche investierte ich im Jahr 2020 neben meinem ETF-Investment 1.000 € in die Xiaomi-Aktie zum Preis von 2,86 €. Mein Ziel war es, mit dem Investment den Markt zu übertreffen und mehr als die durchschnittlichen 7 % Marktrendite einzufahren. Es lief gut und der Kurs ging zwischenzeitlich auf 3,72 € hoch. Doch dann setzte der scheidende US-Präsident Donald Trump in den letzten Tagen seiner Amtszeit Xiaomi auf die Sperrliste. Es wurde unterstellt, dass der Konzern zu eng mit dem chinesischen Militär zusammenarbeitete, was das Unternehmen immer bestritt.

Der Kurs sank daraufhin, da mit Amerika ein wichtiger Absatzmarkt wegfiel. Ich glaubte jedoch, dass der neue US-Präsident Joe Biden diese Entscheidung schnell rückgängig machen würde, also investierte ich weitere 1.000 € zu einem Kurs von 2,63 €. Leider hielt Präsident Biden an der Entscheidung seines Vorgängers fest, sodass der Kurs nicht den erhofften Turnaround schaffte. Um nicht den Fehler des Nichtverkaufens bei der Allied-Irish-Banks-Aktie zu wiederholen, setzte ich mir selbst eine Frist, bis zu der ich abwarten würde, um dann – bei ausbleibendem Erfolg – meine Anteile abzustoßen. Dies tat ich im Februar 2022 zu einem Kurs von 1,84 €. Nach zwischenzeitlichen 1,12 € lag der Kurs im August 2024 bei 2,03 €.

Obwohl ich in der Analyse dieses Mal einiges besser gemacht hatte, ging ich dennoch wieder mit einem Verlust aus der Investition heraus, weil ich die in Kapitel 3.3 erläuterten Risiken, wie das politische und das Unternehmensrisiko, unterschätzt hatte. Das Ärgerliche ist, dass ich in der Zeit nicht nur einen stattlichen Verlust eingefahren, sondern auch die in diesem Zeitraum sehr positive Entwicklung des MSCI World verpasst hatte. Ich war nun ein für alle Mal geheilt davon, zu versuchen, den Markt mit Einzelaktien schlagen zu wollen. Warum sollte ich noch mal meine Lebenszeit für die Recherche und die Kursbeobachtung einer Aktie verschwenden, wenn ich durch ETF-Investments ohne Stress eine tolle Rendite einfahren kann?

Das man jedoch auch bei ETFs Fehler machen kann, möchte ich dir an meinem letzten Investmentfehler verdeutlichen.

Themen-ETFs

Die Geschichte spielt am Weihnachtsabend des Jahres 2020. Nach einem leckeren Essen bei meinen Eltern liege ich spätnachts im Gästezimmer und komme zu dem Schluss, dass mir das breit gestreute Investieren allein nicht genügt. Ich möchte in Trends investieren, von denen ich mir verspreche, dass sie eine höhere Rendite erzielen werden als der Markt. Um mir nicht erneut die Finger mit einer einzelnen Aktie zu verbrennen, legte ich Sparpläne auf Themen-ETFs wie Cyber Security, künstliche Intelligenz, Cloud Computing, Robotik und erneuerbare Energien an. Es war eine Zeit des Aufschwungs nach dem Corona-Crash 2020. ETFs waren in aller Munde und man konnte beinahe investieren, worin man wollte – es gab scheinbar nur eine Richtung: nach oben.

Irgendwann ließ das Kaufinteresse neuer Interessenten am Markt jedoch nach und die teilweise wahnwitzigen Kursanstiege wurden durch fallende Kurse nach unten korrigiert. Ich ließ die Themen-ETFs noch einige Monate laufen, bis ich zumindest die Sparpläne stoppte und die eingesparten Raten stattdessen in meinen ETF auf den MSCI World einbrachte. Wenn eine Branche gut ist, wird sie sich früher oder später im MSCI World, ACWI oder einem anderen breit streuenden Index wiederfinden. Dann nimmt man als Anleger automatisch an der Wertentwicklung teil. Selbstredend hat man dann schon einen Teil der Wertentwicklung bis zur Aufnahme der Aktie in den ETF verpasst. Dafür hat man jedoch auch kein Geld mit denjenigen Aktien oder Branchen verbrannt, die den gewünschten Aufschwung nicht geschafft haben. Themen-ETFs unterlaufen genau das, was man mit einem passiven Buy-and-hold-Ansatz eigentlich erreichen möchte, nämlich das Abgreifen der Marktrendite, ohne selbst aktive Entscheidungen zu treffen wie, wann man in welchen Bereich investiert oder sich durch einen Verkauf wieder zurückzieht.

Anhand meiner Fehler möchte ich dir deutlich machen, dass ich, obwohl ich es durch Informationen aus unzähligen Büchern, YouTube-Videos oder Fachartikeln besser wusste, dennoch nicht der Versuchung widerstehen konnte, den Markt schlagen zu wollen.

Wie vermessen war es, zu glauben, dass ausgerechnet ich als Berufsschullehrer in Moers dazu befähigt sein könnte. Statt ihn zu schlagen, bin ich mit einigen meiner Investments sogar deutlich schlechter gefahren als der Markt. Durch die gemachten Erfahrungen halte ich es seitdem so einfach wie möglich: Ich investiere den risikobehafteten Teil meines Geldes – genauso wie Saidi Sulilatu, Chefredakteur von Finanztip[87] – in einen einzigen ETF auf den MSCI World und bin damit sehr glücklich. In der frei gewordenen Zeit kann ich schöneren Dingen wie meinen Hobbys, dem Reisen oder dem Schreiben dieses Buches nachgehen.

Ich habe dir ein paar meiner Fehler gezeigt in der Hoffnung, dass du sie nicht wiederholen musst. Mit großer Wahrscheinlichkeit wirst du dafür andere machen – und das ist völlig in Ordnung. Hab die Stärke und teil sie mit deinen Freunden, Kollegen und Bekannten, sodass zumindest sie daraus lernen können. Denn Fehler zu machen, ist nicht schlimm und das Natürlichste der Welt. Solange man daraus lernt. Jedes Baby hat unzählige Fehler beim Erlernen des Laufens gemacht, aber irgendwann die richtigen Schlüsse daraus gezogen, sodass es unfallfrei laufen lernte. Die Alternative wäre gewesen, aus der Angst heraus, Fehler zu machen, gar nicht erst zu versuchen, das Laufen zu erlernen. Ohne den aufrechten Gang wären aber auch so schöne Dinge wie Joggen, Fahrradfahren oder Schwimmen für uns nicht möglich. Es ist in Ordnung, Fehler zu machen, es ist nur ärgerlich, immer dieselben zu wiederholen.

13. Die wichtigste und wertvollste Anlageklasse

Aufmerksamen Lesern dieses Buches wird aufgefallen sein, dass es im Kapitel 3.3 zu den Anlageklassen eine Kategorie gab, die mit einem Fragezeichen versehen war und die noch nicht aufgelöst wurde. Es ist die Anlageklasse, mit der du die beste Rendite erzielen kannst, die sogar die der Aktienanlage weit übertrifft. Hast du eine Idee, welche das sein könnte? Ich gebe dir einen Tipp: Die „Anlageklasse" hält gerade dieses Buch in den Händen.

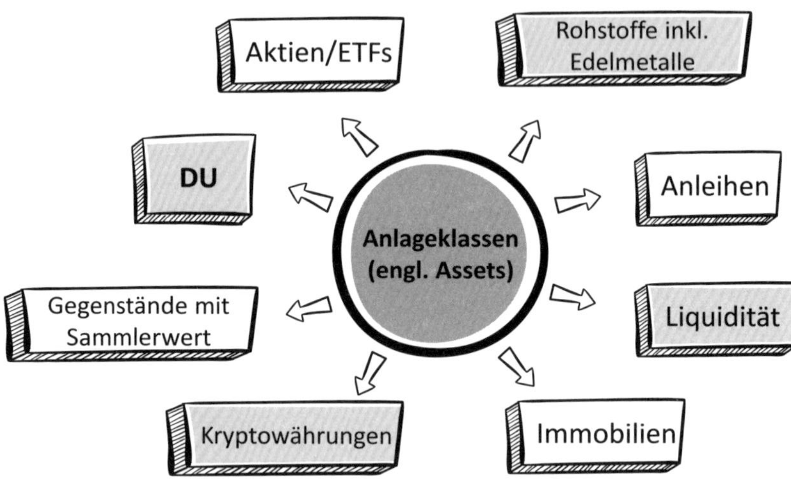

Anlageklassen vollständig. Eigene Darstellung

Du bist das beste Investment, in das du investieren kannst – und zwar sowohl aus finanzieller wie auch aus persönlicher Sicht. Indem du dich dazu entscheidest oder entschieden hast, nicht ungelernt einen Job als Hilfskraft auszuüben, sondern eine qualifizierte Berufsausbildung oder ein Studium zu absolvieren, hast du dir bestimmte Fähigkeiten angeeignet. Ökonomen sprechen in dem Zuge gerne von Humankapital. Durch den Zuwachs an Bildung hast du dir die Möglichkeit erarbeitet, einem Beruf nachzugehen, in dem die Tätigkeiten, die du ausführst, tendenziell angenehmer sind oder du sie als sinnstiftender wahrnimmst, sodass du nach getaner Arbeit zufriedener bist.

Es liegt auf der Hand, dass du mit der Qualifikation einer abgeschlossenen Ausbildung oder eines Studiums ein höheres Einkommen im Vergleich zu einer ungelernten Arbeitskraft erzielst. Vielleicht könntest du die Tätigkeit auch ohne Ausbildung oder Studienzertifikat genauso gut ausführen, weil du es dir autodidaktisch beigebracht hast. Das Problem ist nur, dass dies fast keinen potenziellen Arbeitgeber interessiert. Arbeitgeber wollen in aller Regel keine unnötige Zeit damit verlieren, herauszufinden, was du tatsächlich kannst, indem sie deine Kompetenzen durch Tests erfassen. Stattdessen liegt mit der erworbenen Qualifikation einer Berufsausbildung oder eines Studiums die Annahme zugrunde, dass derjenige die notwendigen Kompetenzen erworben hat. Darüber hinaus zeigt die Qualifikation deinem potenziellen Arbeitgeber, dass du bereit bist, etwas zu Ende zu bringen, du nicht sofort aufgibst, sondern Durchhaltevermögen hast und bereit bist, an mittel- und langfristigen Zielen zu arbeiten.

Der Erwerb einer Qualifikation kostet dich sowohl Zeit als auch Geld. Für eine Berufsausbildung oder ein Bachelor-Studium brauchst du in aller Regel drei Jahre. Drei Jahre, in denen du, wenn du sofort als ungelernte Hilfskraft arbeiten gehen würdest, mehr Geld hättest. Der Fachbegriff dafür lautet Opportunitätskosten; das ist der monetäre Vorteil, der dir durch die nicht realisierte Handlungsalternative entgeht. Hinzu kommen die Kosten, die du für die Ausbildung oder das Studium noch selbst zu tragen hast. Das können Lehrbücher, ein Prüfungsvorbereitungskurs oder der Semesterbeitrag sein. Im Gegenzug wirst du im Anschluss an die drei Jahre durch die erworbene Qualifikation ein höheres Einkommen generieren – und das für dein restliches Erwerbsleben. Eine Rendite, die sogar den Aktienmarkt um Welten schlägt. Auch bei Weiterqualifizierungen, wie einem Masterstudium, der Fortbildung zum Handelswirt oder der Meisterschule, tritt in aller Regel der gleiche Effekt ein. Du investierst Geld und (Frei-)Zeit, um im Anschluss eine Tätigkeit auszuüben, die dir ein höheres Einkommen oder zumindest mehr Sinn bei der Arbeit ermöglicht.

Übrigens unterliegt auch das Lesen dieses Buches diesem Trade-off. Anstatt dieses Buch zu kaufen und zu lesen, hättest du auch Netflix schauen oder auf der Konsole zocken können. Du hast dich jedoch dazu entschieden, die Zeit und das Geld zu investieren, um dafür den Rest deines Lebens Kosten zu reduzieren und deine Geldanlage in die eigene Hand zu nehmen. Ich kann dich nur dazu ermuntern, auch weiterhin Geld und Zeit in deine persönliche Weiterbildung zu investieren. Das klassische Buch halte ich dabei für die nach wie vor wichtigste Quelle. Egal ob gedruckt oder als E-Book, ein Buch ermöglicht es dir, zwischen den Kapiteln hin- und herspringen, um vergessene Inhalte aufzufrischen. Daher empfehle ich, dir die Zeit zu nehmen, mindestens ein Buch pro Monat zu lesen. Neben dem reinen Wissenszuwachs erweitert sich dadurch automatisch dein Wortschatz und du wirst sowohl besser im Schreiben von Texten als auch im Ausdruck – und das auch beim Lesen von Romanen, wo es nicht um direkte Wissensvermittlung, sondern primär um Unterhaltung geht.

Aber auch während Auto- oder Bahnfahrten oder bei Tätigkeiten im Haushalt kannst du die Zeit nutzen, um dich mithilfe von Podcasts, YouTube-Videos und Hörbüchern weiterzubilden. Im Gegensatz zu Büchern sind diese kostenlos oder kostengünstig zu konsumieren. So gibt es beispielsweise bei Audible, dem Hörbuchportal von Amazon, oder bei Thalia häufig und wiederkehrend die Möglichkeit, das Angebot kostenlos zu testen. Schau einfach mal bei mydealz vorbei, ob gerade eine solche Aktion stattfindet, und finde heraus, ob Hörbücher etwas für dich sind. Nicht selten lässt sich sogar ein Gewinn von 5 bis 15 € in Form von Payback- oder Deutschlandcard-Punkten erzielen.

Nachfolgend eine kleine Auswahl in alphabetischer Reihenfolge, die ich dir für die weitere (Hör-)Buchlektüre ans Herz legen kann:

- Fabian Walter (2023): Sei doch nicht besteuert: Mit Steuerfabi die Welt der Steuern verstehen und richtig Geld sparen, München: EMF.
- Thomas Kehl (2022): Das einzige Buch, das Du über Finanzen lesen solltest, Berlin: Ullstein.
- Gerd Kommer (2024): Souverän investieren mit Indexfonds und ETFs, Frankfurt: Campus.
- Gerd Kommer (2021): Kaufen oder Mieten, Frankfurt: Campus.
- Mario Lochner (2020): Was ich mit 20 Jahren gerne über Geld, Motivation, Erfolg gewusst hätte, München: FBV.

Außerdem hilfreich: Sämtliche Kanäle von Finanztip, einer gemeinnützigen Stiftung, die interessenskonfliktfrei finanzielle Bildung vermitteln möchte. Insbesondere den YouTube-Kanal und den kostenlosen Newsletter kann ich empfehlen.

14. Ausblick

Du hast es geschafft! Ich hoffe, ich konnte dir ein paar neue Perspektiven aufzeigen, die du zuvor nicht kanntest. Vier Dinge sind jetzt noch wichtig:

1. Du sollst nichts machen, was jemand anderes für richtig hält, sondern nur das, was du für richtig hältst. Was zu dir als Mensch am besten passt und womit du am besten leben kannst. Bilde dich also gerne weiter und lerne weitere Perspektiven kennen, um die für dich besten Entscheidungen zu treffen.

2. Wenn du von Blickwinkeln überzeugt bist, dann setze sie auch um – und zwar so schnell wie möglich. Denn das ganze Wissen allein bringt dir gar nichts. Entscheidender ist es, dass du in die Anwendung kommst und die Tipps und Methoden, die ich dir gezeigt habe, praktizierst und weiterentwickelst. Du hast erkannt, dass es beim Musik- und Fernsehstreaming eine Menge zu sparen gibt, und möchtest das umsetzen? Dann kündige deine bestehenden Verträge und nimm dir die Zeit, das einmal neu aufzusetzen. Die gute Nachricht: Das Allermeiste kannst du sofort umsetzen. Bei allen anderen Verträgen, wie Internet-, Strom- und Handyvertrag, kannst du zum Ablauf der 1- oder 2-jährigen Mindestvertragslaufzeit kündigen. Danach gilt eine einmonatige Kündigungsfrist. Wenn du deine Geldanlage in die eigene Hand nehmen möchtest, dann fang jetzt an und investiere dein erstes Geld. Lerne weiter dazu, während dein Geld bereits investiert ist.

> *„Der größte Fehler, den man im Leben machen kann, ist, immer Angst zu haben, einen Fehler zu machen."*
>
> ***DIETRICH BONHOEFFER, EVANGELISCHER THEOLOGE (1906 – 1945)***

Dieser Satz ist heute noch so aktuell wie damals. Du wirst Fehler machen. Lass dich davon nicht abhalten, sondern sieh es als Chance, dazuzulernen und zu wachsen.

3. Hab den Mut, an deinen langfristig getroffenen Entscheidungen festzuhalten. Hast du dich einmal für ein breit gestreutes Investment in Aktien entschieden, dann halte auch daran fest, wenn der Kurs mal 20, 30 oder gar 50 % verloren hat. Behalte auch in solchen Phasen die Ruhe und führe dir vor Augen, warum du dich für das jeweilige Investment entschieden hast. Geschichte wiederholt sich immer wieder und auch wenn dir beim nächsten Crash Börsenmagazine weismachen wollen, dass „diesmal alles anders ist", fall nicht darauf herein. Halte an deinem langfristigen Plan fest und führe dir noch einmal vor Augen, dass genau solche Tiefphasen der Grund für die überlegene Rendite am Aktienmarkt sind. Diese Crash-Phasen tun weh und nicht jeder kann sie aushalten. Deshalb gibt es für diejenigen, die sie aushalten, „Schmerzensgeld" mit der allen anderen Anlageklassen überlegenen Rendite.

4. Geld allein macht nicht glücklich. Ein prall gefülltes Depot wird nicht dafür sorgen, dass du am Ende deines Lebens zurückblicken wirst, um zu sagen: „Das war ein geiles Leben." Vielmehr sind es die Erlebnisse, die wir uns von Geld kaufen können, die für ein Glücksempfinden sorgen. Halte also unbedingt die Balance zwischen Sparsamkeit und Investieren auf der einen Seite und Konsum und Erlebnissen auf der anderen Seite. Setze dir persönliche Highlights, wie Konzerte oder Urlaube, an die du dich lange und gerne zurückerinnern wirst.

Ich wünsche dir – in der Reihenfolge – persönlich und finanziell das Allerbeste für deine Zukunft.

Viel Erfolg!
Tobias Nagels

Danksagung

Ein großer Dank gebührt meinen Eltern, die mir bereits frühkindlich finanzielle Bildung mitgegeben haben, indem ich gelernt habe, mein Taschengeld zu sparen und meine Konsumwünsche zu hinterfragen. Noch dankbarer und glücklicher bin ich jedoch dafür, ein Elternhaus zu haben, in dem ich immer Unterstützung und Bestärkung erfahren durfte und es auch heute noch tue. Vielen Dank für alles!

Besonders danken möchte ich meiner Frau Katja, die mich nicht nur unglaublich glücklich macht, sondern immer mein erster und wichtigster Ansprechpartner ist. Du warst die Erste, die das Buch (Korrektur-)gelesen hat und wertvolle Anmerkungen geben konnte. Danke für den ehrlichen Austausch mit dir!

Außerdem möchte ich ganz vielen meiner ehemaligen Schülerinnen und Schüler danken. Sie haben mich durch ihr Interesse und ihre Fragen darin bestärkt, dass finanzielle Bildung junge Menschen nicht nur interessiert, sondern begeistern kann. Diese positiven Rückmeldungen haben mich dazu gebracht, Finanzbildung verstärkt in meinen Unterricht zu integrieren und dadurch möglichst vielen jungen Menschen Zugang zu einer chancengerechteren Teilhabe am sozialen und wirtschaftlichen Leben zu ermöglichen. Dieses Buch ist so viel besser geworden durch unzählige Gespräche im und nach dem Unterricht mit vielen von euch. Danke für das kritische Mitdenken!

Auch dem GABAL-Verlag möchte ich für das Vertrauen in mich danken, mich als unbekannten Autor zu verlegen. Die Kommunikation und Zusammenarbeit waren von Beginn an wertschätzend und auf Augenhöhe. Danke für den kreativen Austausch!

Zuletzt möchte ich noch all den Menschen danken, die mir im Leben geholfen und Türen geöffnet haben, ohne dafür eine Gegenleistung zu erwarten. Ich bin dankbar, euch zu den richtigen Zeiten im Leben getroffen zu haben, und dafür, dass ihr mich ein Stück begleitet habt.

Abkürzungsverzeichnis

ETC	Exchange Traded Commodities, dt. börsengehandeltes Wertpapier auf Rohstoffe
ETF	Exchange Traded Funds, dt. börsengehandelte Indexfonds
ISIN	International Security Identification Number, dt. Internationale Wertpapierkennnummer
TD	Tracking Difference, dt. Abbildungsdifferenz
TER	Total Expense Ratio, dt. Gesamtkostenquote
WKN	Wertpapierkennnummer

Quellen und Anmerkungen

[1] Sovendus GmbH (2024): Umsatz steigern mit E-Commerce-Marketing. Abgerufen am 26.08.2024 unter: https://online.sovendus.com/#

[2] Sovendus GmbH (2024): Enter our network and reach beyond. Abgerufen am 26.08.2024 unter: https://online.sovendus.com/unternehmen/unsere-partner/#

[3] Corporate Benefits Germany GmbH (2024): Wir überzeugen durch Kundennähe und Loyalität. Abgerufen am 26.08.2024 unter https://www.corporate-benefits.de/ueber-uns

[4] Koelmann (2024): Cashback-Anbieter. Abgerufen am 26.08.2024 unter: https://www.cashbacksvergleichen.de/cashbackseite/ubersicht

[5] 6Minutes Media GmbH (2024): Kunden werben Kunden/Gutscheine-Gesuche Thread. Abgerufen am 26.08.2024 unter: https://www.mydealz.de/diskussion/kunden-werben-kunden-regeln-1764080#comments

[6] Loyalty Partner GmbH (2024): Geschichte. Abgerufen am 26.08.2024 unter: https://www.payback.group/de/payback-group/ueber-loyalty-partner/geschichte

[7] DeutschlandCard GmbH (2024): Die DeutschlandCard auf einen Blick. Abgerufen am 26.08.2024 unter: https://www.deutschlandcard.com/presse/hintergrundinformationen#PunktesammelnmitderDeutschlandCard

[8] DB Fernverkehr AG (2024): BahnBonus Vorteile. Abgerufen am 26.08.2024 unter: https://www.bahn.de/service/bahnbonus/vorteile

[9] Leine (2023): Das sind in der Steuererklärung sonstige Einkünfte. Abgerufen am 26.08.2024 unter: https://www.finanztip.de/sonstige-einkuenfte

[10] Ich bin kein Steuerberater. Alle Äußerungen erfolgen nach bestem Wissen und Gewissen. Eine Haftung schließe ich daher aus.

[11] Wolter (2023): American Express Membership Rewards Punkte in Meilen umwandeln – So funktioniert's. Abgerufen am 26.08.2024 unter: https://meilenoptimieren.com/membership-rewards-punkte-in-meilen-umwandeln/

[12] American Express S.A. (2019): BMW CARD - Alle Informationen im Überblick. Abgerufen am 26.08.2024 unter: https://www.americanexpress.com/content/dam/amex/de/benefits/bedingungen/BMW_Card_Informationen.pdf

[13] Wolter (2022): Was sind Miles & More Meilen wert? Abgerufen am 26.08.2024 unter: https://meilenoptimieren.com/welchen-wert-hat-eine-miles-and-more-meile/

[14] Barclays Bank Ireland PLC (2022): GUT VERSICHERT – Allgemeine Bedingungen für die Versicherung der Eurowings Kreditkarte Gold. Abgerufen am 26.08.2024 unter: https://www.barclays.de/content/dam/barclays-de/dokumente/avb/avb-eurowings-kreditkarten-gold.pdf

[15] Stiftung Warentest (2024): Kontowechseln lohnt – Ihr Weg zum günstigen Girokonto. Abgerufen am 26.08.2024 unter: https://www.test.de/Girokonto-im-Test-5069390-0/

[16] Atzler (2020): Girokonten sind überdurchschnittlich teurer geworden – Gebühren dürften weiter steigen. Abgerufen am 26.08.2024 unter: https://www.handelsblatt.com/finanzen/banken-versicherungen/banken/statistisches-bundesamt-girokonten-sind-ueberdurchschnittlich-teurer-geworden-gebuehren-duerften-weiter-steigen/26652964.html

[17] Mediaworker GmbH (2024): Kündigungsschreiben Vorlage. Abgerufen am 26.08.2024 unter: https://www.kuendigung.org/kuendigungsschreiben/#kuendigungsschreiben-vertrag-muster-vorlage

[18] Buhrs (2024): So sind Sparer bei einer Bankenpleite geschützt. Abgerufen am 26.08.2024 unter: https://www.finanztip.de/sichere-banken/einlagensicherung/

[19] 6Minutes Media GmbH (2022): 1 Jahr (ca. 10 Monate) Spotify Family oder 12 Monate Duo über VPN India (Indien) oder Egypt (Ägypten) – Anleitung. Abgerufen am 26.08.2024 unter: https://www.mydealz.de/deals/1-jahr-12-monate-spotify-family-uber-vpn-anleitung-2022-kleines-giveaway-1928965

[20] 6Minutes Media GmbH (2024): YouTube Premium 1,58 € / Monat – geht wieder (über Ghana). Abgerufen am 26.08.2024 unter: https://www.mydealz.de/deals/youtube-premium-158eur-monat-geht-wieder-2353310

[21] 6Minutes Media GmbH (2024): Netflix Abos günstiger über VPN Polen. Abgerufen am 26.08.2024 unter: https://www.mydealz.de/deals/netflix-abos-gunstiger-uber-vpn-polen-2356038

[22] Filbig (2022): Netflix für 2 Euro im Monat – sind Abos über VPN legal? Abgerufen am 26.08.2024 unter: https://www.techbook.de/streaming/netflix-vpn-legal

[23] WBS Legal (2021): Günstiges Netflix-Abo im Ausland mit VPN – legal? | Anwalt Christian Solmecke. Abgerufen am 26.08.2024 unter: https://www.youtube.com/watch?v=MFUAFjY18t4

[24] CHECK24 Vergleichsportal Mobilfunk GmbH (2024): Prepaid und 1-Monats-Tarife. Abgerufen am 30.06.2024 unter: https://handytarife.check24.de/vergleich/prepaid?context=prepaid&results_to=25

[25] 6Minutes Media GmbH (2024): Handys mit Vertrag. Abgerufen am 26.08.2024 unter: https://www.mydealz.de/gruppe/handys-mit-vertrag

[26] Thomas Gottfried EDV (2024): Fondsrechner zum Fondssparen. Abgerufen am 26.08.2024 unter: https://www.zinsen-berechnen.de/fondsrechner.php?paramid=5dxwzitkrd

[27] Europäische Zentralbank (2021): EZB-Rat verabschiedet neue geldpolitische Strategie. Abgerufen am 26.08.2024 unter: https://www.ecb.europa.eu/press/pr/date/2021/html/ecb.pr210708~dc78cc4b0d.de.html

[28] Statistisches Bundesamt (2022): Pressemitteilung Nr. 472 vom 11. November 2022. Abgerufen am 26.08.2024 unter: https://www.destatis.de/DE/Presse/Pressemitteilungen/2022/11/PD22_472_611.html

[29] Statistisches Bundesamt (2023): Pressemitteilung Nr. 270 vom 11. Juli 2023. Abgerufen am 26.08.2024 unter: https://www.destatis.de/DE/Presse/Pressemitteilungen/2023/07/PD23_270_611.html und Statistisches Bundesamt (2024): Pressemitteilung Nr. 227 vom 12. Juni 2024 unter: https://www.destatis.de/DE/Presse/Pressemitteilungen/2024/06/PD24_227_611.html

[30] Statistisches Bundesamt (2024): Verbraucherpreisindex und Inflationsrate. Abgerufen am 26.08.2024 unter: https://www.destatis.de/DE/Themen/Wirtschaft/Preise/Verbraucherpreisindex/_inhalt.html

[31] Scharpenberg (2024): So viel Geld brauchst Du für Deine Altersvorsorge. Abgerufen am 26.08.2024 unter: https://www.finanztip.de/gesetzliche-rentenversicherung/rentenluecke/

[32] Buhrs (2024): Geld parken und Zinsen kassieren. Abgerufen am 26.08.2024 unter: https://www.finanztip.de/tagesgeld/

[33] Bundesagentur für Arbeit (2024): Übergang von Arbeitslosengeld zu Bürgergeld. Abgerufen am 26.08.2024 unter: https://www.arbeitsagentur.de/arbeitslos-arbeit-finden/buergergeld/finanziell-absichern/uebergang-buergergeld

[34] Halbe (2023): Mehr Risiko bringt langfristig mehr Rendite. Abgerufen am 26.08.2024 unter: https://www.finanztip.de/geldanlage/risikoprofil/

35 Statista (2024): Entwicklung des durchschnittlichen Zinssatzes für Tagesgeld in Deutschland in den Jahren von 1997 bis 2023. Abgerufen am 26.08.2024 unter: https://de.statista.com/statistik/daten/studie/202273/umfrage/entwicklung-des-zinssatzes-fuer-tagesgeld-in-deutschland/

36 Statista (2024): Entwicklung der Rendite zehnjähriger Staatsanleihen Deutschlands in den Jahren von 1995 bis 2023. Abgerufen am 26.08.2024 unter: https://de.statista.com/statistik/daten/studie/200193/umfrage/entwicklung-der-rendite-zehnjaehriger-staatsanleihen-in-deutschland/

37 Statista (2024): Entwicklung der Rendite zehnjähriger Staatsanleihen Deutschlands in den Jahren von 1995 bis 2023. Abgerufen am 26.08.2024 unter: https://de.statista.com/statistik/daten/studie/200193/umfrage/entwicklung-der-rendite-zehnjaehriger-staatsanleihen-in-deutschland/

38 Statista (2024): Entwicklung der Rendite zehnjähriger Staatsanleihen Deutschlands in den Jahren von 1995 bis 2023: Abgerufen am 26.08.2024 unter: https://de.statista.com/statistik/daten/studie/200193/umfrage/entwicklung-der-rendite-zehnjaehriger-staatsanleihen-in-deutschland/

39 Statista (2024): Inflationsrate in Deutschland von 1950 bis 2023. Abgerufen am 26.08.2024 unter: https://de.statista.com/statistik/daten/studie/4917/umfrage/inflationsrate-in-deutschland-seit-1948/

40 Kommer (2024): Souverän investieren mit Indexfonds und ETFs: Ein Investmentbuch für fortgeschrittene Privatanleger. Frankfurt: Campus Verlag

41 Kommer (2024): Souverän investieren mit Indexfonds und ETFs: Ein Investmentbuch für fortgeschrittene Privatanleger. Frankfurt: Campus Verlag

42 Auf der Welt existiert ca. 17,5-mal mehr Silber als Gold. Da der Preis von Gold hingegen 60-mal höher als der von Silber ist, besteht die Möglichkeit, dass der Silberpreis sich stärker entwickeln wird – auch aufgrund der starken Nachfrage aus der industriellen Fertigung oder der Verarbeitung zu Schmuck.

43 Buhrs (2024): So bekommst Du einen guten Preis für Dein Gold. Abgerufen am 26.08.2024 unter: https://www.finanztip.de/gold/gold-verkaufen/

44 Kommer (2024): Souverän investieren mit Indexfonds und ETFs: Ein Investmentbuch für fortgeschrittene Privatanleger. Frankfurt: Campus Verlag

45 Statista (2024): Entwicklung der Immobilienpreise in Deutschland von 2004 bis zum 1. Quartal 2024. Abgerufen am 26.08.2024 unter: https://de.statista.com/statistik/daten/studie/597304/umfrage/immobilienpreise-alle-baujahre-in-deutschland/

46 Salow (2024): Maklerprovision 2024 - Fragen & Antworten: Abgerufen am 26.08.2024 unter: https://www.immoverkauf24.de/immobilienmakler/maklerprovision/

47 immoverkauf24 GmbH (2024): Kaufnebenkosten Immobilien: Höhe, Berechnung & Finanzierung. Abgerufen am 26.08.2024 unter: https://www.immoverkauf24.de/immobilienverkauf/immobilienverkauf-a-z/kaufnebenkosten/

48 Der Kauf von anderen Edelmetallen als Gold, die beim Erwerb 19 % Mehrwertsteuer kosten, wird wie ein paar Seiten zuvor dargelegt außer Acht gelassen.

49 Kommer (2021): Kaufen oder Mieten? Frankfurt: Campus Verlag

50 Thomas Gottfried EDV (2024): Kreditrechner für Ratenkredite als Annuitätendarlehen. Abgerufen am 12.09.2024 unter: https://www.zinsen-berechnen.de/kreditrechner.php?paramid=kskw00a1sr

51 Bei Eigentumswohnungen wird häufig ein sogenanntes Hausgeld von allen Eigentümern monatlich für Instandhaltungs- und Bewirtschaftungsmaßnahmen an der Immobilie erhoben.

52 Dies ist eine näherungsweise Ermittlung, die den Zinseszinseffekt außer Acht lässt, soll aber für unsere Zwecke genügen.

53 Liquid Grape GmbH (2024): Wein als Investment. Abgerufen am 26.08.2024 unter: https://www.liquidgrape.de/wein-als-investment

54 LSMF Tech Ventures Limited (2024): Lego® Reselling Gewerbe anmelden: So wirst du Lego Händler. Abgerufen am 26.08.2024 unter: https://brickfact.com/de-de/blog/guides/lego-reselling-gewerbe-anmelden-alles-was-du-wissen-musst

55 Statista (2024): Anzahl verfügbarer Kryptowährungen weltweit in ausgewählten Monaten von Juni 2013 bis April 2024. Abgerufen am 26.08.2024 unter: https://de.statista.com/statistik/daten/studie/1018542/umfrage/anzahl-unterschiedlicher-kryptowaehrungen/

56 Onvista Media GmbH (2024): Bitcoin/Euro. Abgerufen am 26.08.2024 unter: https://www.onvista.de/kryptowaehrungen/Bitcoin-Euro-BTC-EUR

57 Onvista Media GmbH (2024): Bitcoin/Euro. Abgerufen am 26.08.2024 unter: https://www.onvista.de/kryptowaehrungen/Bitcoin-Euro-BTC-EUR

58 Onvista Media GmbH (2024): BioNTech-Aktie. Abgerufen am 26.08.2024 unter: https://www.onvista.de/aktien/BIONTECH-SE-Aktie-US09075V1026

59 Onvista Media GmbH (2024): Wirecard-Aktie. Abgerufen am 26.08.2024 unter: https://www.onvista.de/aktien/Wirecard-Aktie-DE0007472060

60 Bundesministerium für Bildung und Forschung (2021): Coronavirus: Das ist der Stand bei der Impfstoff-Entwicklung. Abgerufen am 26.08.2024 unter: https://www.bmbf.de/bmbf/shareddocs/kurzmeldungen/de/coronavirus-das-ist-der-stand-bei-der-impfstoff-entwicklung.html

61 Presse- und Informationsamt der Bundesregierung (2020): Eine beeindruckende Entwicklung. Abgerufen am 26.08.2024 unter: https://www.bundesregierung.de/breg-de/themen/coronavirus/impfstoff-entwicklung-1823662

62 Onvista Media GmbH (2024): SAP-Aktie. Abgerufen am 26.08.2024 unter: https://www.onvista.de/aktien/SAP-Aktie-DE0007164600

63 Boerse.de Finanzportal GmbH (2024): DAX. Abgerufen am 26.08.2024 unter: https://www.boerse.de/gewichtung/Dax-Aktien/DE0008469008

64 Halbe (2024): So funktioniert das globale Kursbarometer. Abgerufen am 26.08.2024 unter: https://www.finanztip.de/indexfonds-etf/msci-world/

65 Pols (2021): MSCI World – Entwicklung der Ländergewichtung für die letzten 10 Jahre. Abgerufen am 26.08.2024 unter: https://guidingdata.com/msci-world-entwicklung-der-laendergewichtung/

66 Halbe (2024): So funktioniert das globale Kursbarometer. Abgerufen am 26.08.2024 unter: https://www.finanztip.de/indexfonds-etf/msci-world/

67 MSCI Inc. (2024): Index Factsheet – MSCI World Index (USD). Abgerufen am 26.08.2024 unter: https://www.msci.com/documents/10199/178e6643-6ae6-47b9-82be-e1fc565ededb

68 Buhrs (2024): Diese Alle-Länder-ETFs überzeugen. Abgerufen am 26.08.2024 unter: https://www.finanztip.de/indexfonds-etf/msci-acwi/

69 Buhrs (2024): Diese Alle-Länder-ETFs überzeugen. Abgerufen am 26.08.2024 unter: https://www.finanztip.de/indexfonds-etf/msci-acwi/

70 Kommer (2024): Souverän investieren mit Indexfonds und ETFs: Ein Investmentbuch für fortgeschrittene Privatanleger. Frankfurt: Campus Verlag

71 MSCI Inc. (2024): Index Factsheet – MSCI World Index (USD). Abgerufen am 26.08.2024 unter: https://www.msci.com/documents/10199/178e6643-6ae6-47b9-82be-e1fc565ededb

[72] Kommer (2024): Souverän investieren mit Indexfonds und ETFs: Ein Investmentbuch für fortgeschrittene Privatanleger. Frankfurt: Campus Verlag

[73] Kommer (2024): Souverän investieren mit Indexfonds und ETFs: Ein Investmentbuch für fortgeschrittene Privatanleger. Frankfurt: Campus Verlag

[74] Halbe (2024): So funktionieren Aktien. Abgerufen am 26.08.2024 unter: https://www.finanztip.de/aktien/

[75] Halbe (2023): Mehr Risiko bringt langfristig mehr Rendite. Abgerufen am 26.08.2024 unter: https://www.finanztip.de/geldanlage/risikoprofil/

[76] Thomas Gottfried EDV (2024): Fondsrechner zum Fondssparen. Abgerufen am 26.08.2024 unter: https://www.zinsen-berechnen.de/fondsrechner.php?paramid=36vcojvin2

[77] Thomas Gottfried EDV (2024): Fondsrechner zum Fondssparen. Abgerufen am 26.08.2024 unter: https://www.zinsen-berechnen.de/fondsrechner.php?paramid=80jlndd8e6

[78] Thomas Gottfried EDV (2024): Entnahmeplan für Rente aus Kapitalvermögen. Abgerufen am 26.08.2024 unter: https://www.zinsen-berechnen.de/entnahmeplan.php?paramid=mvfi6wyzrr

[79] Halbe (2024): So machst Du Dein Investment wieder zu Geld. Abgerufen am 26.08.2024 unter: https://www.finanztip.de/indexfonds-etf/etf-verkaufen/

[80] Kommer (2024): Souverän investieren mit Indexfonds und ETFs: Ein Investmentbuch für fortgeschrittene Privatanleger. Frankfurt: Campus Verlag

[81] Kuls (2017): Warren Buffett wettert gegen Fondsmanager. Abgerufen am 26.08.2024 unter: https://www.faz.net/aktuell/finanzen/fonds-mehr/warren-buffett-empfiehlt-kostenguenstige-indexfonds-14904575.html

[82] Kommer (2024): Souverän investieren mit Indexfonds und ETFs: Ein Investmentbuch für fortgeschrittene Privatanleger. Frankfurt: Campus Verlag

[83] Kommer (2024): Souverän investieren mit Indexfonds und ETFs: Ein Investmentbuch für fortgeschrittene Privatanleger. Frankfurt: Campus Verlag

[84] Jordan (2024): Wertpapierleihe in ETFs. Abgerufen am 26.08.2024 unter: https://extraetf.com/de/wissen/wertpapierleihe-in-etfs

[85] justETF GmbH (2024): ETF Depot Vergleich. Abgerufen am 26.08.2024 unter: https://www.justetf.com/de/online-broker-vergleich/etfs-kaufen.html

[86] Finanzen.net GmbH (2022): Amazon-Aktiensplit: So viel kostet nun eine Amazon-Aktie. Abgerufen am 26.08.2024 unter: https://www.finanzen.net/nachricht/aktien/vierter-split-amazon-aktiensplit-so-viel-kostet-nun-eine-amazon-aktie-11419318

[87] Podcast „Money Mindset" (2023): Nur ein einziger ETF im Depot: Saidi Sulilatu. Abgerufen am 26.08.2024 unter: https://www.antenne.de/mediathek/serien/money-mindset-bildbusiness-insider/0001j4fs8t67sxt8bvk6a35h6s-nur-ein-einziger-etf-im-depot-saidi-sulilatu

Über den Autor

Tobias Nagels ist gelernter Bankkaufmann und Berufsschullehrer für Wirtschaft. Er entwickelte die schulische Finanzbildungsstrategie am Mercator Berufskolleg in Moers. Tobias Nagels nimmt regelmäßig an Konferenzen und Fachtagungen zur Finanzbildung teil und hält Vorträge zur Implementierung finanzieller Bildung an Schulen.

Er hat einen zweijährigen Kurs im Bildungsgang der Höheren Handelsschule zu Themen wie Ausgabenreduzierung, Versicherungen, Geldanlage und Steuern konzipiert und durchgeführt. Zudem holte er mit dem Zukunftstag und der Schülerakademie Finanzkompetenz zwei Projekttage zur finanziellen Bildung an seine Schule. Den Schülerinnen und Schülern vermittelt er damit die Grundlagen für finanziell reflektierte Entscheidungen. Für das Engagement im Bereich der finanziellen Bildung wurde seine Schule von der Verbraucherzentrale als Verbraucherschule ausgezeichnet.

Tobias Nagels lebt mit seiner Frau Katja in Kempen und bereist gerne die Welt.